Journey Through Quantum Teleportation: A Must-Read for Science Students

आपके लिए हिंदी में अनुवाद: "क्वांटम टेलीपोर्टेशन का सफर: विज्ञान के छात्रों के लिए अनिवार्य पठन"

AF148691

Samrat Singh

2

Copyright © [2023]

Title: Journey Through Quantum Teleportation: A Must-Read for Science Students

Author's: Samrat Singh

This book was printed and published by [Publisher's: **Samrat Singh**] in [2023]

ISBN:

TABLE OF CONTENT

Chapter 4: The Challenges and Future of Quantum Teleportation 44

- Experimental Challenges: Noise, Decoherence, and Long-Distance Entanglement
- Error Correction and Fault Tolerance in Quantum Systems
- Scaling Up Quantum Teleportation: From Labs to Real-World Applications
- The Race for Quantum Supremacy and the Implications for the Future

Chapter 5: Beyond Teleportation: Exploring the Frontiers of Quantum Physics 57

- Quantum Many-Body Systems and the Search for a Unified Theory of Everything
- Quantum Gravity and the Unification of the Forces of Nature
- The Search for Dark Matter and Dark Energy: Can Quantum Physics Help?
- The Future of Quantum Physics and the Unforeseen Possibilities

TABLE OF CONTENT

Chapter 1: Unveiling the Mystery of Quantum Teleportation

अध्याय 1: क्वांटम टेलीपोर्टेशन का रहस्योद्घाटन

क्वांटम टेलीपोर्टेशन: एक जादुई यात्रा का शुभारंभ

कल्पना कीजिए, एक क्षण में आप किसी वस्तु को एक स्थान से दूसरे स्थान तक बिना छुए, बिना देखे, बिना किसी शोर के भेज सकते हैं। यह विज्ञान कथा की कहानी नहीं, बल्कि क्वांटम टेलीपोर्टेशन की चौंकाने वाली वास्तविकता है।

लेकिन क्या है यह क्वांटम टेलीपोर्टेशन? सरल शब्दों में कहें तो यह सूचना का एक अजीब और अद्भुत तरीका है, जो किसी कण की क्वांटम अवस्था को, चाहे वह परमाणु का एक टुकड़ा हो या प्रकाश का एक फोटॉन, तुरंत ही किसी अन्य कण को हस्तांतरित कर देता है, भले ही वे कितने ही दूर हों। यह ऐसा है जैसे आप किसी वस्तु की सूचनात्मक भूत को भेज रहे हैं, न कि उसके भौतिक स्वरूप को।

यह बात समझने के लिए, हमें क्वांटम भौतिकी के रहस्यमय जगत में थोड़ा झांकना होगा। क्लासिकल भौतिकी के विपरीत, जहां चीजें निश्चित और स्पष्ट होती हैं, क्वांटम दुनिया में अनिश्चितता और अस्पष्टता का राज है। यहां, कण एक साथ कई अवस्थाओं में मौजूद हो सकते हैं और अजीबोगरीब तरीके से जुड़े होते हैं, जिन्हें "उलझाव" कहते हैं।

उलझाव क्वांटम टेलीपोर्टेशन का आधार है। दो कणों को, उदाहरण के लिए दो फोटॉन को एक तरह से जोड़ा जा सकता है कि वे एक ही क्वांटम अवस्था को साझा करते हैं। चाहे वे कितने ही दूर हों, जब आप एक कण

की अवस्था को मापते हैं, दूसरे का अवस्था तुरंत ही बदल जाता है, मानो वे एक ही इकाई के दो हिस्से हों। यह "दूरी पर भूतिया कार्रवाई" जैसा लग सकता है, लेकिन यह क्वांटम भौतिकी का एक सिद्धांत है, जिसे बेल की असमानता के प्रायोगिक प्रमाण से सिद्ध किया गया है।

अब, क्वांटम टेलीपोर्टेशन में, हम इस उलझाव का उपयोग करते हुए सूचना को भेजते हैं। किसी एक कण की क्वांटम अवस्था को मापकर, हम दूसरे कण की अवस्था को तुरंत ही बदल देते हैं, भले ही वे सैकड़ों किलोमीटर दूर हों। यह एक अदृश्य लिंक की तरह है, जो सूचना को एक स्थान से दूसरे स्थान तक ले जाता है, तुरंत और बिना किसी भौतिक वस्तु के परिवहन के।

क्वांटम टेलीपोर्टेशन का महत्व कल्पनाशील है। यह न केवल हमारे भौतिक दुनिया के बारे में समझ को गहरा करता है, बल्कि यह क्रांतिकारी तकनीकों का द्वार खोलता है। क्वांटम कंप्यूटर बनाने, अटूट सुरक्षा के साथ सूचना का संचार करने, और भविष्य के क्वांटम इंटरनेट को सक्षम बनाने में इसकी भूमिका अत्यंत महत्वपूर्ण हो सकती है।

लेकिन अभी तक यह एक उभरती हुई तकनीक है। कई चुनौतियां हैं जिन्हें दूर करने की आवश्यकता है, जैसे शोर और डीकोहरेंस को कम करना, और लंबी दूरी पर उलझाव को बनाए रखना। हालांकि, वैज्ञानिक हर दिन प्रगति कर रहे हैं, और यह केवल समय की बात है कि क्वांटम टेलीपोर्टेशन हमारे जीवन का एक अभिन्न अंग बन जाए।

इस यात्रा के आरंभ में, हमने क्वांटम टेलीपोर्टेशन के मूल सिद्धांतों को छुआ है। आने वाले अध्यायों में, हम इस अद्भुत तकनीक के तकनीकी विवरण, इसके संभावित अनुप्रयोगों और भविष्य की संभावनाओं को और अधिक गहराई से देखेंगे। क्या आप इस यात्रा के लिए तैयार हैं? तो चलिए, क्वांटम दुनिया के रहस्यों को उजागर करने और क्वांटम टेलीपोर्टेशन के जादुई क्षणों का अनुभव करने के लिए!

सरल शब्दों में, क्वांटम टेलीपोर्टेशन एक प्रक्रिया है जिसके द्वारा जानकारी को दो उलझे हुए कणों के बीच उलझाव के माध्यम से स्थानांतरित किया जाता है। उलझाव एक क्वांटम घटना है जहां दो कणों को इस तरह से जोड़ा जाता है कि उनका अस्तित्व एक दूसरे से जुड़ा होता है, भले ही वे कितने भी दूर हों। एक कण पर किए गए माप तुरंत दूसरे कण को प्रभावित करते हैं, भौतिक दूरी के बंधनों को तोड़ते हुए।

इस प्रक्रिया में, जानकारी को पहले कण (कहते हैं, कण A) पर एन्कोड किया जाता है। फिर, कण A और एक अन्य कण (कहते हैं, कण B) के बीच उलझाव स्थापित किया जाता है। अंत में, कण A को मापा जाता है, जो कण B की अवस्था को तुरंत प्रभावित करता है। इस प्रकार, कण A पर एन्कोडेड जानकारी कण B पर उसी क्षण स्थानांतरित हो जाती है, भले ही दोनों कणों के बीच कोई भौतिक संबंध न हो।

क्वांटम टेलीपोर्टेशन क्यों महत्वपूर्ण है?

क्वांटम टेलीपोर्टेशन के कई संभावित अनुप्रयोग हैं, जो इसे एक बेहद महत्वपूर्ण वैज्ञानिक खोज बनाते हैं। कुछ प्रमुख लाभों में शामिल हैं:

- अत्यधिक सुरक्षित संचार: क्वांटम टेलीपोर्टेशन का उपयोग करके भेजी गई जानकारी को रोकना या बदलना असंभव है, क्योंकि यह उलझे हुए कणों के बीच के अंतर्संबंध पर निर्भर करती है। यह सुरक्षा के उच्चतम स्तर की गारंटी देता है, जो सरकारों, बैंकों और अन्य संवेदनशील डेटा संभालने वाले संगठनों के लिए बहुत उपयोगी है।

- क्रांतिकारी कंप्यूटिंग: क्वांटम कंप्यूटर पारंपरिक कंप्यूटरों से कहीं अधिक शक्तिशाली होने का वादा करते हैं, और क्वांटम टेलीपोर्टेशन उनके संचालन के लिए महत्वपूर्ण भूमिका निभा सकता है। विभिन्न क्वांटम कंप्यूटरों के बीच जानकारी का तेजी से स्थानांतरण क्वांटम गणना की क्षमता को बढ़ा सकता है और हमें पहले कभी न सोची गई समस्याओं का समाधान करने की अनुमति दे सकता है।

दूरस्थ चिकित्सा क्रांति: क्वांटम टेलीपोर्टेशन का उपयोग करके, चिकित्सा डेटा और छवियों को तुरंत एक स्थान से दूसरे स्थान पर भेजा जा सकता है, जिससे दूरस्थ क्षेत्रों में रहने वाले लोगों के लिए विशेषज्ञ चिकित्सा सहायता तक पहुंच में सुधार होता है।

स्पेस अन्वेषण में सफलता: क्वांटम टेलीपोर्टेशन पृथ्वी और अंतरिक्ष यान के बीच संचार को तेज कर सकती है और अंतरिक्ष अन्वेषण मिशनों की दक्षता में सुधार कर सकती है।

हालांकि, क्वांटम टेलीपोर्टेशन अभी भी प्रारंभिक विकास में है।

प्रमुख चुनौतियों में शामिल हैं:

दूरी की सीमा: वर्तमान में, क्वांटम टेलीपोर्टेशन को केवल कुछ किलोमीटर की दूरी तक ही प्रदर्शित किया गया है। लंबी दूरी तक उलझाव को बनाए रखना एक बड़ी चुनौती है, और वैज्ञानिकों को नए तरीके खोजने की आवश्यकता है।

क्वांटम यांत्रिकी का संक्षिप्त इतिहासः दोहरी-स्लिट प्रयोग से उलझाव तक

यदि आप सोचते हैं कि भौतिकी का नियमित, ठोस नियमों का खेल है, तो क्वांटम यांत्रिकी आपको चौंका देगी। यह ब्रह्मांड के सूक्ष्म स्तर पर शासन करने वाला एक विचित्र और अद्भुत नृत्य है, जहां चीजें उलझी हुई, अनिश्चित और कभी-कभी पूरी तरह से अविश्वसनीय होती हैं। आज, हम इस अनोखी दुनिया के इतिहास में एक यात्रा करेंगे, जिसमें हम दोहरी-स्लिट प्रयोग से शुरू होकर, उलझाव के जादू तक पहुंचेंगे।

प्रकाश की दोहरी प्रकृति: क्या यह तरंग है या कण?

हमारी यात्रा 1800 के दशक में शुरू होती है, जहां थॉमस यंग ने एक प्रयोग किया जिसने भौतिकी को हमेशा के लिए बदल दिया। उन्होंने एक स्क्रीन में दो संकीर्ण स्लिट बनाए और उस पर प्रकाश डाला। यदि प्रकाश केवल एक कण होता, तो स्क्रीन पर दो बिंदुओं की उम्मीद होती, जहां स्लिट के माध्यम से गुजरने वाले कण टकराते। लेकिन, आश्चर्यजनक रूप से, यंग ने स्क्रीन पर एक तरंग पैटर्न देखा, जिसमें चमकीले और धुंधले क्षेत्र वैकल्पिक रूप से पाए गए! यह खोज चौंकाने वाली थी, क्योंकि इसने दिखाया कि प्रकाश दोनों तरंग और कण दोनों की तरह व्यवहार कर सकता है।

यंग का प्रयोग प्रकाश की दोहरी प्रकृति का पहला संकेत था, एक क्वांटम दुनिया में एक सामान्य धागा। यह हमें बताता है कि चीजें कभी-कभी निश्चित लेबल नहीं लेतीं, बल्कि संभावनाओं के बादल में मौजूद होती हैं।

क्वांटम उछाल: अचानक गायब होने और प्रकट होने का खेल

लगभग एक सदी बाद में, 1920 के दशक में, अर्नेस्ट रदरफोर्ड और हंस गीगर ने एक और चौंकाने वाली खोज की। उन्होंने पाया कि परमाणु

नाभिक के चारों ओर घूमने वाले इलेक्ट्रॉन कक्षाओं में नहीं, बल्कि क्वांटम अवस्थाओं में मौजूद होते हैं। ये अवस्थाएं तय नहीं होती हैं, बल्कि वे एक पल में गायब हो सकती हैं और दूसरे ही पल किसी अन्य अवस्था में प्रकट हो सकती हैं, बिना किसी बीच के रास्ते के। इस अजीबोगरीब घटना को "क्वांटम उछाल" कहा जाता है, और यह क्वांटम दुनिया की अनिश्चितता का एक और उदाहरण है।

उलझाव: दूरी पर एक अदृश्य लिंक

अब, कल्पना कीजिए कि दो कण एक-दूसरे से जुड़े हुए हैं, एक अदृश्य लिंक द्वारा, इतने मजबूत कि एक का व्यवहार दूसरे को तुरंत प्रभावित करता है। चाहे वे एक ही कमरे में हों या मीलों दूर, वे एक ही क्वांटम अवस्था को साझा करते हैं। इस अजीब घटना को "उलझाव" कहा जाता है, और यह क्वांटम यांत्रिकी के सबसे रहस्यमय और शक्तिशाली सिद्धांतों में से एक है।

1960 के दशक में जॉन स्टेलिकी और ऐलेन स्पिनार ने पहली बार उलझाव का प्रायोगिक प्रमाण दिया। उन्होंने दो फोटॉनों को विपरीत दिशाओं में फेंका और पाया कि जब वे एक फोटॉन की ध्रुवणता को मापते हैं, तो दूसरे की ध्रुवणता तुरंत बदल जाती है, भले ही वे कितने ही दूर हों। यह "दूरी पर भूतिया कार्रवाई" जैसा लग सकता है, लेकिन यह उलझाव का वास्तविकता है।

कल्पना कीजिए कि एक प्रकाश कण, एक फोटॉन, एक ही समय में दो अलग-अलग रास्तों से गुजर सकता है। हास्यास्पद लगता है, है ना? लेकिन यह क्वांटम यांत्रिकी का जादुई संसार है, जहां सामान्य भौतिकी के नियम अप्रचलित हो जाते हैं और अनिश्चितता का नृत्य शुरू होता है। इस यात्रा में, हम क्वांटम यांत्रिकी के विकास का पता लगाएंगे, दोहरी-स्लिट प्रयोग के आश्चर्यजनक परिणामों से लेकर उलझाव के रहस्यमय बंधन तक।

प्रकाश का दोहरा स्वभाव:

1801 में, थॉमस यंग ने प्रकाश के दोहरी स्वभाव की खोज की, जिसने क्वांटम यांत्रिकी के लिए मंच तैयार किया। उनके प्रसिद्ध दोहरी-स्लिट प्रयोग में, एक प्रकाश स्रोत से प्रकाश को दो समानांतर स्लिट्स से गुजरने दिया गया। परंपरागत रूप से, हम सोचते हैं कि प्रकाश एक तरंग है, और यह दोनों स्लिट्स से गुजरकर एक स्क्रीन पर एक चिकनी उज्ज्वल रेखा बनाएगा। लेकिन, आश्चर्यजनक रूप से, स्क्रीन पर एक हस्तक्षेप पैटर्न दिखाई दिया, जो प्रकाश के कण-तरंग द्वंद्व का प्रमाण था। यह प्रयोग दिखाता है कि प्रकाश कण और तरंग दोनों के रूप में व्यवहार कर सकता है, जो शास्त्रीय भौतिकी के नियमों का उल्लंघन करता है।

क्वांटम कूद और अनिश्चितता का सिद्धांत:

1900 के दशक की शुरुआत में, मैक्स प्लैंक ने क्वांटम सिद्धांत का आधार रखा। उन्होंने सुझाव दिया कि ऊर्जा असतत पैकेटों में मौजूद है जिन्हें क्वांटम कहा जाता है। इसका मतलब है कि प्रकाश या ऊर्जा का प्रवाह निरंतर नहीं होता है, बल्कि कूद-कूद कर होता है। 1927 में, वर्नर हाइजेनबर्ग ने अनिश्चितता का सिद्धांत पेश किया, जो बताता है कि किसी कण की स्थिति और संवेग को एक साथ पूर्ण सटीकता के साथ नहीं जाना जा सकता। जितना सटीक आप एक को मापते हैं, उतनी ही अनिश्चितता

दूसरे में होती है। यह सिद्धांत क्वांटम यांत्रिकी की नींव रखता है और सूक्ष्म कणों के व्यवहार की व्याख्या करता है।

एरिन श्रोएडिंगर का बिल्ली का विरोधाभास:

1935 में, एरिन श्रोएडिंगर ने अपने प्रसिद्ध बिल्ली के विरोधाभास के साथ क्वांटम यांत्रिकी की व्याख्या में अनिश्चितता को उजागर किया। इस विचार प्रयोग में, एक बिल्ली को एक बंद बॉक्स में रखा जाता है, जिसमें एक रेडियोधर्मी अणु और एक जहर का जाल होता है। अणु के क्षय होने पर जहर का जाल चालू हो जाएगा और बिल्ली मर जाएगी। समस्या यह है कि क्षय होने से पहले, अणु एक सुपरपोजीशन में होता है, जो क्षय और क्षय नहीं होने की स्थिति का एक साथ संयोजन है। तो क्या बिल्ली भी मृत और जीवित दोनों अवस्थाओं में एक साथ है? यह विरोधाभास क्वांटम यांत्रिकी के माप के प्रभाव और तरंग-कण द्वंद्व पर प्रकाश डालता है।

ईपीआर विरोधाभास और दूरी पर भूतिया कार्रवाई: क्वांटम यांत्रिकी का एक दिमाग हिला देने वाला ट्विस्ट

कल्पना कीजिए, आप एक सिक्के को हवा में उछालते हैं, और वह उसी समय दोनों ओर सिर और क्रॉस दिखाता है। अजीब लगता है, है ना? लेकिन क्वांटम यांत्रिकी की अजीबोगरीब दुनिया में, ऐसी विचित्र घटनाएं आम हैं। आज, हम ईपीआर विरोधाभास और दूरी पर भूतिया कार्रवाई के बारे में बात करेंगे, दो ऐसे सिद्धांत जो क्वांटम दुनिया के नियमों को चुनौती देते हैं और हमें ब्रह्मांड के बारे में सोचने का नया तरीका सिखाते हैं।

ईपीआर विरोधाभास: एक विचार प्रयोग जो हिला देता है

1935 में, अल्बर्ट आइंस्टीन, बोरिस पोडॉल्स्की, और नाथन रोसेन ने एक विचार प्रयोग तैयार किया जिसे ईपीआर विरोधाभास कहा जाता है। इस प्रयोग में, दो कणों को एक दूसरे से उलझाकर विपरीत दिशाओं में भेजा जाता है। उलझाव का अर्थ है कि दोनों कण एक ही क्वांटम अवस्था को साझा करते हैं। यदि आप एक कण की किसी विशेषता को मापते हैं, तो दूसरे कण की वही विशेषता तुरंत ही विपरीत मान लेगी, भले ही वे कितने ही दूर हों।

आइंस्टीन को यह अजीब लगा। उन्होंने तर्क दिया कि सूचना तुरंत ही प्रकाश की गति से अधिक तेजी से नहीं जा सकती है। तो अगर दो कणों को अलग कर दिया जाता है, तो वे एक-दूसरे से कैसे तुरंत संवाद कर सकते हैं और अपनी अवस्थाओं को समन्वयित कर सकते हैं? आइंस्टीन ने इस घटना को "दूरी पर भूतिया कार्रवाई" कहा, क्योंकि यह उनकी समझ के बाहर था।

बेल की असमानता: भूतिया कार्रवाई को साबित करना

ईपीआर विरोधाभास ने वैज्ञानिकों को दशकों तक परेशान किया। लेकिन 1960 के दशक में, जॉन बेल ने एक ऐसी असमानता तैयार की जिसने इस विरोधाभास को हल करने की संभावना प्रदान की। बेल की असमानता के अनुसार, यदि ईपीआर विरोधाभास सही है, तो उलझाए गए कणों को मापने से प्राप्त आंकड़ों को एक निश्चित सीमा से अधिक नहीं होना चाहिए।

1980 के दशक में किए गए प्रयोगों ने दिखाया कि बेल की असमानता वास्तव में उल्लंघन की गई है। इसका मतलब यह है कि ईपीआर विरोधाभास सही है, और उलझाए गए कण वास्तव में दूरी पर ही संवाद कर सकते हैं, भले ही वे प्रकाश की गति से तेज न हों। यह खोज क्वांटम यांत्रिकी की वैधता को मजबूत करती है और हमें ब्रह्मांड के छिपे हुए रहस्यों के बारे में सोचने का नया तरीका प्रदान करती है।

दूरी पर भूतिया कार्रवाई: कल्पना विज्ञान नहीं, बल्कि विज्ञान का भविष्य

ईपीआर विरोधाभास और दूरी पर भूतिया कार्रवाई क्वांटम यांत्रिकी के सबसे रहस्यमय और विवादास्पद पहलुओं में से एक हैं। लेकिन वे विज्ञान कथा नहीं हैं, बल्कि वैज्ञानिक तथ्य हैं। इन सिद्धांतों के लिए निहितार्थ क्रांतिकारी हैं। वे क्वांटम कंप्यूटरिंग के विकास का आधार हैं, जो पारंपरिक कंप्यूटरों की क्षमताओं को पार कर सकता है। वे हमें सुरक्षित संचार प्रणालियों का निर्माण करने में मदद कर सकते हैं जो किसी भी हैकिंग के लिए अभेद्य हैं। और वे ब्रह्मांड के मौलिक प्रकृति को समझने में हमें नए रास्ते दिखा सकते हैं।

ईपीआर विरोधाभास और दूरी पर भूतिया कार्रवाई: क्वांटम जगत का एक रहस्यमय नृत्य

कल्पना कीजिए, दो जुड़वां इतने जुड़े हुए हैं कि एक को खांसी आती है तो दूसरे को भी उसी पल खांसी आती है, भले ही वे अलग-अलग महाद्वीपों पर हों। या, एक सिक्के को हवा में उछालते हैं और वह हवा में ही गायब होकर दूसरे कमरे में प्रकट हो जाता है। असंभव लगता है, है ना? लेकिन क्वांटम यांत्रिकी की विचित्र और अदभुत दुनिया में, ऐसी असंभव लगने वाली घटनाएं वास्तविकता का हिस्सा हैं। आज, हम इसी अदभुत दुनिया के एक ऐसे ही रहस्यमय कोने में झांकेंगे, जहां ईपीआर विरोधाभास और दूरी पर भूतिया कार्रवाई का नृत्य हमें ब्रह्मांड के बारे में सोचने का नया नजरिया देता है।

ईपीआर विरोधाभास: महान आइंस्टीन का सवाल

वर्ष 1935 में, महान भौतिकविज्ञानी अल्बर्ट आइंस्टीन और उनके दो सहयोगियों, बोरिस पोडॉल्स्की और नाथन रोसेन ने एक विचार प्रयोग तैयार किया, जिसे ईपीआर विरोधाभास कहा जाता है। यह प्रयोग दो छोटे कणों, जैसे कि फोटॉनों या इलेक्ट्रॉनों, को एक दूसरे से उलझाकर विपरीत दिशाओं में भेजने पर आधारित है। उलझाव का मतलब है कि ये दोनों कण एक ही क्वांटम अवस्था को साझा करते हैं, जिसका अर्थ है कि वे एक ही क्वांटम सिक्के के दो पहलू हैं। यदि आप एक कण की किसी विशेषता, जैसे कि ध्रुवीकरण, को मापते हैं, तो दूसरे कण की वही विशेषता तुरंत ही विपरीत मान लेगी, भले ही वे कितने भी दूर हों।

यह आइंस्टीन को परेशान करता था। उनकी सापेक्षता के सिद्धांत के अनुसार, सूचना प्रकाश की गति से तेज नहीं जा सकती है। तो अगर दो कणों को अलग कर दिया गया है, तो वे एक दूसरे से कैसे तुरंत संवाद कर सकते हैं और अपनी अवस्थाओं को समन्वित कर सकते हैं? उन्होंने इसे

"दूरी पर भूतिया कार्रवाई" कहा, क्योंकि यह उनकी समझ के दायरे से बाहर था।

बेल की असमानता: भूतों को पकड़ना

आइंस्टीन का सवाल वैज्ञानिकों को दशकों तक परेशान करता रहा। लेकिन 1960 के दशक में, एक आयरिश भौतिकविज्ञानी, जॉन बेल ने एक गणितीय असमानता तैयार की, जिसे बेल की असमानता कहा जाता है। यह असमानता इस बात पर एक सीमा निर्धारित करती है कि उलझाए गए कणों को मापने से प्राप्त आंकड़ों का व्यवहार कैसा होना चाहिए, अगर ईपीआर विरोधाभास सच है।

1980 के दशक में किए गए प्रयोगों ने दिखाया कि बेल की असमानता वास्तव में टूट गई है। इसका मतलब यह है कि ईपीआर विरोधाभास सही है, और उलझाए गए कण वास्तव में किसी अदृश्य लिंक के जरिए दूरी पर ही संवाद कर सकते हैं, भले ही वे प्रकाश की गति से तेज न हों। यह खोज क्वांटम यांत्रिकी की वैधता को और मजबूत करती है और हमें ब्रह्मांड के छिपे हुए रहस्यों के बारे में सोचने का नया रास्ता देती है।

दूरी पर भूतिया कार्रवाई: विज्ञान कथा नहीं, क्रांति का बीज

ईपीआर विरोधाभास और दूरी पर भूतिया कार्रवाई अब विज्ञान कथा के रोमांचक पन्नों से निकलकर वैज्ञानिक तथ्य बन चुके हैं। उनके निहितार्थ क्रांतिकारी हैं।

बेल की असमानता और क्वांटम उलझाव का प्रमाण: ब्रह्मांड के एक छिपे हुए नृत्य का खुलासा

कल्पना करें, दो कण, सूक्ष्म दुनिया के नन्हे नर्तक, एक अदृश्य धागे से बंधे हुए हैं। चाहे वे मीलों दूर हों, उनके अस्तित्व एक-दूसरे से जुड़े हुए हैं, एक ही क्वांटम गीत को गाते हुए। यह क्वांटम उलझाव का जादू है, एक घटना जो आइंस्टीन को भी हैरान कर देती है और भौतिकी की दुनिया को फिर से परिभाषित करती है। आज, हम इस जादुई नृत्य में गहराई से देखेंगे, बेल की असमानता के लेंस के माध्यम से, और क्वांटम उलझाव के अस्तित्व को उजागर करेंगे।

प्रकाश का दोहरा नृत्य: तरंग और कण, दोनों एक में

क्वांटम उलझाव को समझने के लिए, हमें परमाणु से भी छोटी दुनिया में प्रवेश करना होगा, जहां चीजें क्लासिकल नियमों की उपेक्षा करती हैं। यहां, प्रकाश एक अजीब नृत्य करता है, कभी तरंग के रूप में, कमरे में फैलते हुए, कभी कण के रूप में, एक सटीक बिंदु पर टकराते हुए। यह दोहरी प्रकृति, जिसे 1800 के दशक में थॉमस यंग ने खोजा था, हमें सूचित करती है कि क्वांटम दुनिया में चीजें कभी-कभी निश्चित नहीं होतीं, बल्कि संभावनाओं के बादल में मौजूद होती हैं।

क्वांटम उलझाव: एक अदृश्य लिंक जो दूरियों को पार करता है

अब, कल्पना कीजिए कि दो प्रकाश कण, फोटॉनों को, इस अजीब नृत्य में एक साथ जोड़ा जाता है। एक जटिल प्रक्रिया के माध्यम से, उनके अस्तित्व एक-दूसरे से उलझे हुए हो जाते हैं। चाहे वे पृथ्वी के विपरीत छोर पर हों, जब आप एक फोटॉन की किसी विशेषता, जैसे ध्रुवीकरण को मापते हैं, तो दूसरे फोटॉन की वही विशेषता तुरंत ही विपरीत मान लेती है। यह ऐसा है जैसे वे एक ही सिक्के के दो पहलू हों, एक ही क्वांटम अवस्था को साझा करते हुए।

ईपीआर विरोधाभास: आइंस्टीन का एक सवाल जो हिला देता है

यह अजीब घटना, जिसे 1935 में अल्बर्ट आइंस्टीन, बोरिस पोडॉल्स्की और नाथन रोसेन ने एक विचार प्रयोग के रूप में प्रस्तुत किया, "ईपीआर विरोधाभास" के रूप में जाना जाता है। आइंस्टीन को यह समझने में कठिनाई हुई कि कैसे दो दूर के कण एक-दूसरे से इतनी तुरंत संवाद कर सकते हैं, जबकि सूचना प्रकाश की गति से तेज नहीं जा सकती है। उन्होंने इसे "दूरी पर भूतिया कार्रवाई" कहा, क्योंकि यह उनकी समझ से परे था।

बेल की असमानता: भूतिया संदेशों को पकड़ना

ईपीआर विरोधाभास दशकों तक वैज्ञानिकों को परेशान करता रहा, लेकिन 1960 के दशक में, जॉन बेल ने एक रास्ता दिखाया। उन्होंने एक गणितीय असमानता तैयार की, जो इस बात पर एक सीमा निर्धारित करती है कि उलझाए गए कणों को मापने से प्राप्त आंकड़ों का व्यवहार कैसा होना चाहिए, अगर ईपीआर विरोधाभास सच है।

इस असमानता के अनुसार, यदि उलझाव वास्तविक नहीं है और कणों के बीच कोई अदृश्य लिंक नहीं है, तो उलझाए गए कणों को मापने से प्राप्त आंकड़ों का एक निश्चित सीमा से अधिक नहीं होना चाहिए।

कल्पना करें कि दो कण, ब्रह्मांड के अलग-अलग कोनों में, एक अदृश्य तार से जुड़े हुए हैं, भले ही उनके बीच अरबों किलोमीटर का अंतर हो। एक पर मापा गया गुणधर्म दूसरे को तुरंत प्रभावित करता है, मानो कोई जादुई बल उन्हें जोड़े रखता है। यह क्वांटम उलझाव का रहस्य है, भौतिकी का एक विचित्र सिद्धांत जो वास्तविकता के हमारे पारंपरिक समझ को चुनौती देता है।

1935 में, अल्बर्ट आइंस्टीन, बोरिस पोडॉल्स्की और नाथन रोजेन (ईपीआर) ने इस उलझाव को एक "भूतिया क्रिया पर दूरी पर" करार दिया, जिसका अर्थ है कि दूरस्थ कण तुरंत एक-दूसरे को प्रभावित करते हैं, जो स्थानीयता के सिद्धांत का उल्लंघन करता है। स्थानीयता का सिद्धांत बताता है कि कोई घटना किसी वस्तु के आस-पास

के क्षेत्र को प्रभावित करती है, न कि दूरस्थ वस्तुओं को। ईपीआर विरोधाभास ने क्वांटम यांत्रिकी की नींव पर एक बड़ा सवाल खड़ा कर दिया।

1964 में, जॉन स्टुअर्ट बेल ने क्वांटम यांत्रिकी और उलझाव की भविष्यवाणियों का परीक्षण करने के लिए एक शानदार तरीका पेश किया। उन्होंने बेल की असमानता नामक एक गणितीय सूत्र का प्रस्ताव दिया, जो उलझे हुए कणों के व्यवहार को मापता है। यदि कण वास्तव में उलझे हुए थे और स्थानीयता का सिद्धांत गलत था, तो बेल की असमानता का उल्लंघन होगा।

बेल की असमानता के परीक्षण के लिए कई प्रयोग किए गए हैं, और सभी ने एक ही आश्चर्यजनक परिणाम दिया है: बेल की असमानता का उल्लंघन हुआ है। इसका मतलब यह है कि ईपीआर सही थे, और कणों के बीच में वास्तव में एक "भूतिया क्रिया पर दूरी पर" मौजूद है। उलझाव वास्तविक है, और यह ब्रह्मांड के कार्यों को समझने के लिए एक बुनियादी सिद्धांत है।

क्वांटम उलझाव के निहितार्थ दूरगामी हैं। यह क्रिप्टोग्राफी में क्रैक-प्रूफ कोड विकसित करने, दूरस्थ मरम्मत और संचालन करने के लिए क्वांटम रोबोट बनाने, और यहां तक कि भविष्य के क्वांटम कंप्यूटरों का आधार बनने में क्रांतिकारी भूमिका निभा सकता है।

हालांकि, बेल की असमानता को समझना और उलझाव के रहस्यों को पूरी तरह से उजागर करना अभी भी एक लंबी प्रक्रिया है। कई सवाल अभी भी अनुत्तरित हैं:

- उलझाव कैसे काम करता है?
- सूचना का तत्कालिक हस्तांतरण कैसे होता है?

क्या यह किसी नए, गैर-स्थानीय भौतिकी के अस्तित्व का संकेत देता है?

इन सवालों के जवाब खोजने के लिए वैज्ञानिक लगातार शोध कर रहे हैं। बेल की असमानता का प्रमाणिकरण क्वांटम यांत्रिकी के इतिहास में एक महत्वपूर्ण मील का पत्थर था, लेकिन यह सिर्फ कहानी की शुरुआत है। क्वांटम उलझाव का रहस्य हमें ब्रह्मांड के कुछ सबसे गहरे सवालों के जवाब की ओर ले जा सकता है, और यह यात्रा निश्चित रूप से रोमांचक होने वाली है।

आने वाले वर्षों में, हम बेल की असमानता के और अधिक परिष्कृत परीक्षण देख सकते हैं, साथ ही उलझाव के नए अनुप्रयोगों का विकास भी हो सकता है। यह एक ऐसा क्षेत्र है जो निरंतर विकास कर रहा है,

Chapter 2: The Mechanics of Quantum Teleportation

अध्याय 2: क्वांटम टेलीपोर्टेशन का मेकैनिक्स

क्वांटम बिट्स (क्यूबिट्स): क्वांटम सूचना के रहस्यमय ईंट-पत्थर (बिना चित्रों के)

कल्पना कीजिए, एक ऐसी दुनिया जहां कंप्यूटर सिक्के नहीं, बल्कि क्वांटम उलझाव के जादू का इस्तेमाल करके गणना करते हैं। जहां 0 और 1 के बजाय, सूचना असीम रूप से अधिक संभावनाओं में नृत्य करती है। यह क्वांटम कंप्यूटिंग का रहस्यमय संसार है, और इसके दिल में धड़कते हैं क्वांटम बिट्स, जिन्हें क्यूबिट्स के नाम से जाना जाता है।

बिट्स से क्यूबिट्स तक: सूचना के नये रूप में छलांग लगाना

हम जिस तरह की सूचना के आदी हैं, वह बिट्स पर आधारित है। एक बिट या तो 0 हो सकता है या 1, सूचना के दो अलग-अलग राज्यों का प्रतिनिधित्व करता है। यह कंप्यूटर की भाषा है, जिसका उपयोग वे सभी गणना करते हैं, जो हम अपने रोजमर्रा के जीवन में देखते हैं।

लेकिन क्वांटम दुनिया में, बिट्स की सीमाएं सामने आती हैं। उनके दोहरे स्वभाव के कारण, क्वांटम कणों को एक ही समय में 0 और 1 दोनों हो सकते हैं। इस अद्भुत अवस्था को सुपरपोजिशन कहा जाता है, और यह क्यूबिट्स की शक्ति का आधार है।

क्वांटम बिट्स: सुपरपोजिशन का जादू

क्यूबिट्स, परमाणुओं या प्रकाश कणों जैसे छोटे क्वांटम कणों के आधार पर होते हैं। वे 0, 1, या दोनों की स्थिति में एक साथ मौजूद रह सकते हैं। यह सुपरपोजिशन की अद्भुत अवस्था उन्हें पारंपरिक बिट्स से अलग करती है और उनमें अनंत संभावनाओं का दरवाजा खोलती है।

क्वांटम उलझाव: दूरियों को मिटाने वाला नृत्य

क्यूबिट्स की क्षमता यहीं खत्म नहीं होती। वे एक दूसरे के साथ उलझ भी सकते हैं। इसका मतलब है कि दो या दो से अधिक क्यूबिट्स का अस्तित्व एक-दूसरे से जुड़ा होता है, चाहे वे कितनी भी दूर हों। एक क्यूबिट की स्थिति को मापने से दूसरे क्यूबिट की स्थिति तुरंत प्रभावित होती है, भले ही उनके बीच कोई भौतिक संबंध न हो। यह क्वांटम उलझाव का जादू है, और यह क्वांटम कंप्यूटरों को समानांतर में कई गणनाओं को करने की अनुमति देता है, जिससे उन्हें पारंपरिक कंप्यूटरों से कई गुना तेज बनाता है।

क्वांटम कंप्यूटिंग: सूचना के भविष्य का निर्माण

क्यूबिट्स और क्वांटम कंप्यूटिंग क्रांति का बीज बो रहे हैं। वे दवाइयों की खोज, सामग्रियों के डिजाइन, वित्तीय मॉडलिंग और यहां तक कि कृत्रिम बुद्धि के क्षेत्र में अभूतपूर्व प्रगति ला सकते हैं। वे हमें समस्याओं को हल करने में सक्षम बनाएंगे जो आज हमारे लिए अकल्पनीय हैं, और वे हमारे ब्रह्मांड के रहस्यों को उजागर करने में महत्वपूर्ण भूमिका निभाएंगे।

क्वांटम दुनिया की एक झलक: एक रोमांचक यात्रा शुरू

हालांकि क्वांटम बिट्स और क्वांटम कंप्यूटिंग अभी भी अपने विकास के शुरुआती चरण में हैं, लेकिन उनकी क्षमता असीमित है। वे हमें सूचना के एक नए युग में ले जा रहे हैं, जहां असीम संभावनाएं इंतजार कर रही हैं। तो अगली बार जब आप कंप्यूटर के बारे में सोचें, तो बिट्स की दुनिया से

परे देखें और क्वांटम बिट्स के जादुई नृत्य की कल्पना करें। यह एक ऐसा नृत्य है जो भविष्य को बदलने की क्षमता रखता है।

उलझाव: कणों के बीच क्वांटम अवस्था का रहस्यमय साझा

कल्पना कीजिए, दो पत्ते हवा में उड़ते हैं, जुड़ जाते हैं, और फिर मीलों दूर अलग होने के बावजूद, एक ही पत्ते बने रहते हैं। अजीब लगता है, है ना? लेकिन क्वांटम दुनिया में, ऐसी विचित्रताएं वास्तविकता का हिस्सा हैं। आज, हम उलझाव के रहस्यमय नृत्य में प्रवेश करेंगे, जहां कण अपनी क्वांटम अवस्था को साझा करते हैं, भले ही उनके बीच का स्थान अनंत खींचता हो।

क्वांटम अवस्था: संभावनाओं का बादल

क्वांटम दुनिया में, चीजें निश्चित रूप से परिभाषित नहीं होती हैं। बल्कि, वे संभावनाओं के एक बादल में मौजूद होती हैं। एक कण, जैसे इलेक्ट्रॉन या फोटॉन, एक ही समय में कई अलग-अलग स्थितियों में हो सकता है, जैसे स्पिन का ऊपर या नीचे होना, या ध्रुवीकरण का एक विशेष कोण होना। इस रहस्यमय अवस्था को सुपरपोजिशन कहा जाता है, और यह क्वांटम दुनिया की एक प्रमुख विशेषता है।

उलझाव: एक अदृश्य लिंक जो दूरियों को मिटाता है

अब, कल्पना कीजिए कि दो कण, जुड़वा कण की तरह, एक विशेष प्रक्रिया के माध्यम से जुड़े हुए हैं। इस प्रक्रिया को उलझाव कहते हैं, और यह दोनों कणों को एक ही क्वांटम अवस्था साझा करने के लिए बाध्य करती है। चाहे वे एक ही कमरे में हों या आकाशगंगाओं के बीच अलग हो गए हों, उनके अस्तित्व एक दूसरे से जुड़े हुए हैं, एक ही क्वांटम गीत को गाते हुए।

दूरी पर भूतिया कार्रवाई: आइंस्टीन का चौंकाने वाला सवाल

उलझाव की अजीबोगरीब प्रकृति ने भौतिकी के दिग्गज, अल्बर्ट आइंस्टीन को भी परेशान किया। उन्होंने तर्क दिया कि सूचना प्रकाश की गति से तेज नहीं जा सकती है, तो कैसे दो दूर के कण एक-दूसरे से तुरंत संवाद कर सकते हैं और अपनी क्वांटम अवस्थाओं को समन्वित कर सकते हैं? उन्होंने इसे "दूरी पर भूतिया कार्रवाई" कहा, क्योंकि यह उनकी समझ के दायरे से बाहर था।

बेल की असमानता: भूतों को पकड़ना

आइंस्टीन का सवाल दशकों तक वैज्ञानिकों को परेशान करता रहा, लेकिन 1960 के दशक में, जॉन बेल ने एक क्रांतिकारी काम किया। उन्होंने एक गणितीय असमानता तैयार की, जो इस बात पर एक सीमा निर्धारित करती है कि उलझाए गए कणों को मापने से प्राप्त आंकड़ों का व्यवहार कैसा होना चाहिए, अगर उलझाव वास्तविक है।

बेल की असमानता के अनुसार, यदि उलझाव नहीं है और कणों के बीच कोई अदृश्य लिंक नहीं है, तो उलझाए गए कणों को मापने से प्राप्त आंकड़ों का एक निश्चित सीमा से अधिक नहीं होना चाहिए।

प्रयोगों का आश्चर्यजनक परिणाम: भूतिया संदेशों का खुलासा

1980 के दशक में किए गए प्रयोगों ने एक चौंकाने वाला परिणाम दिया। उन्होंने दिखाया कि बेल की असमानता वास्तव में टूट गई है! इसका मतलब यह है कि उलझाव वास्तविक है, और दूर के कण वास्तव में एक दूसरे से तुरंत संवाद कर सकते हैं, भले ही वे प्रकाश की गति से तेज न हों। यह खोज क्वांटम यांत्रिकी की वैधता को मजबूत करती है और हमें ब्रह्मांड के बारे में सोचने का नया रास्ता देती है।

टेलीपोर्टेशन प्रोटोकॉल: सूचना का रहस्यमय स्थानांतरण

कल्पना कीजिए, आप एक गुप्त संदेश को एक पल में पृथ्वी के एक कोने से दूसरे कोने तक भेज सकते हैं। या, एक असाधारण वस्तु को बिना छुए, बिना किसी भौतिक संपर्क के, एक स्थान से दूसरे स्थान तक स्थानांतरित कर सकते हैं। यह विज्ञान कथा नहीं है, बल्कि क्वांटम यांत्रिकी के सिद्धांतों पर आधारित टेलीपोर्टेशन प्रोटोकॉल की अद्भुत संभावना है। आज, हम इस रहस्यमय प्रक्रिया के कदमों पर चलेंगे और देखेंगे कि कैसे सूचना को प्रकाश की गति से भी तेज स्थानांतरित किया जा सकता है।

चरण 1: उलझाव का जादू

टेलीपोर्टेशन प्रोटोकॉल का पहला कदम दो कणों को एक-दूसरे से उलझाना है। उलझाव एक अजीबोगरीब क्वांटम घटना है, जहां दो कण इस तरह से जुड़े होते हैं कि उनका अस्तित्व एक दूसरे से जुड़ा होता है, भले ही वे कितने भी दूर हों। एक कण की किसी विशेषता को मापने से दूसरे कण की वही विशेषता तुरंत प्रभावित होती है, भौतिक दूरी के बंधन को तोड़ते हुए।

चरण 2: क्वांटम अवस्था का प्रतिरूपण

टेलीपोर्ट किए जाने वाले कण को अब एक उलझा हुआ कण के साथ जोड़ा जाता है। यह कण एक मध्यस्थ के रूप में काम करता है, जो मूल कण की क्वांटम अवस्था को एक संयुक्त क्वांटम अवस्था में कॉपी करता है। यह संयुक्त अवस्था मूल कण और मध्यस्थ कण दोनों को शामिल करती है।

चरण 3: गुप्त संदेश का आदान-प्रदान

अब, मूल कण की भौतिक उपस्थिति की आवश्यकता नहीं रहती है। मध्यस्थ कण को इच्छित गंतव्य तक भेजा जा सकता है, मूल कण की क्वांटम अवस्था को अपने साथ ले जाकर। इस स्थानांतरण के दौरान, मूल कण को नष्ट कर दिया जाता है, लेकिन उसकी जानकारी मध्यस्थ कण में सुरक्षित रहती है।

चरण 4: क्वांटम अवस्था का पुनर्निर्माण

गंतव्य पर पहुंचने के बाद, मध्यस्थ कण का उपयोग एक नए कण के साथ उलझने के लिए किया जाता है। इस नए कण को "टेलीपोर्टेड कण" कहा जाता है। उलझाव की शक्ति के माध्यम से, मूल कण की क्वांटम अवस्था को मध्यस्थ कण से नए कण में स्थानांतरित कर दिया जाता है।

चरण 5: जानकारी का प्रकट होना

अंतिम चरण में, नए कण की क्वांटम अवस्था को मापा जाता है। यह माप मूल कण की क्वांटम अवस्था का खुलासा करता है, भले ही मूल कण और टेलीपोर्टेड कण के बीच कोई भौतिक संबंध न हो। इस प्रकार, जानकारी को प्रकाश की गति से भी तेज गति से स्थानांतरित कर दिया गया है।

टेलीपोर्टेशन प्रोटोकॉल के निहितार्थ

यह प्रोटोकॉल अभी भी विकास के प्रारंभिक चरण में है, लेकिन इसकी क्षमता असीमित है। यह सुरक्षित संचार, क्वांटम कंप्यूटिंग और टेलीपोर्टेशन तकनीकों के विकास में क्रांतिकारी बदलाव ला सकता है। इसकी मदद से, एन्क्रिप्टेड संदेशों को हैक करना असंभव हो जाएगा, दवाइयों की खोज में नई संभावनाएं खुलेंगी और दूर के स्थानों तक जानकारी और सामग्री भेजना संभव हो सकेगा।

टेलीपोर्टेशन का भविष्य: क्वांटम दुनिया की सीमाओं को पार करना

हालांकि टेलीपोर्टेशन अभी भी एक सपना लगता है, लेकिन क्वांटम यांत्रिकी के सिद्धांतों पर आधारित यह प्रोटोकॉल भविष्य की झलक दिखाता है।

नो-क्लोनिंग प्रमेय और सूचना का सीमांत: क्वांटम दुनिया का एक चौंकाने वाला सच

कल्पना कीजिए कि आप अपने सबसे मूल्यवान खजाने की एकदम सही नकल बना सकते हैं, बिना किसी नुकसान या हानि के। सुनने में तो अच्छा लगता है, है ना? लेकिन क्वांटम यांत्रिकी की एक रहस्यमयी सच्चाई, जिसे नो-क्लोनिंग प्रमेय के नाम से जाना जाता है, आपको चौंका देगी। यह प्रमेय बताता है कि क्वांटम अवस्थाओं को पूरी तरह से कॉपी करना असंभव है, जो सूचना की प्रकृति और ब्रह्मांड के बारे में हमारी समझ को चुनौती देता है।

क्वांटम अवस्था: अनिश्चितता का नृत्य

क्लासिकल दुनिया में, चीजें काफी स्पष्ट हैं। एक वस्तु या जानकारी की एक निश्चित अवस्था होती है, जिसे हम पूरी तरह से जान सकते हैं और कॉपी कर सकते हैं। लेकिन क्वांटम दुनिया में, चीजें इतनी सरल नहीं हैं। यहां, कण सुपरपोजिशन नामक एक अजीबोगरीब अवस्था में मौजूद होते हैं, जहां वे एक ही समय में कई संभावित अवस्थाओं में हो सकते हैं। हम केवल इन संभावनाओं को माप सकते हैं, और माप के पल पर ही कण एक निश्चित अवस्था में गिरता है। यह अनिश्चितता का नृत्य है, जो क्वांटम दुनिया की आधारशिला है।

नो-क्लोनिंग प्रमेय: कॉपी करने का असंभव मिशन

1982 में, वोल्फगैंग पॉलिट्ज और जॉन बेल ने एक चौंकाने वाला तथ्य सामने लाया। उन्होंने साबित किया कि किसी भी क्वांटम अवस्था की एकदम सही नकल बनाना असंभव है। इसका मतलब यह है कि आप चाहे कितनी भी कोशिश करें, आप कभी भी किसी क्वांटम कण की पूरी जानकारी को पूरी तरह से कॉपी नहीं कर सकते।

क्यों असंभव? सूचना की सीमांत

नो-क्लोनिंग प्रमेय का आधार क्वांटम यांत्रिकी का एक और महत्वपूर्ण सिद्धांत, सूचना की सीमांत, पर टिका हुआ है। यह सिद्धांत बताता है कि किसी भी भौतिक प्रणाली में निहित जानकारी की एक निश्चित सीमा होती है। आप इस जानकारी को स्थानांतरित कर सकते हैं, हेरफेर कर सकते हैं, लेकिन आप कभी भी इसे बढ़ा नहीं सकते।

नो-क्लोनिंग प्रमेय के प्रभाव

इस प्रमेय के निहितार्थ दूरगामी हैं। यह सुरक्षित संचार प्रणालियों के विकास को प्रभावित करता है, क्योंकि यह क्वांटम टेलीपोर्टेशन के जरिए जानकारी के अनधिकृत कॉपी को रोकता है। यह क्वांटम कंप्यूटिंग के डिजाइन को भी प्रभावित करता है, क्योंकि हमें ऐसे क्वांटम एल्गोरिदम विकसित करने की आवश्यकता है जो सूचना की सीमांत के भीतर काम करते हों।

नो-क्लोनिंग प्रमेय से परे: क्वांटम दुनिया के रहस्यों की तलाश

नो-क्लोनिंग प्रमेय हमारे ब्रह्मांड के बारे में हमारी समझ को चुनौती देता है और नए सवाल उठाता है। क्या पूरी तरह से सटीक कॉपी करना कभी संभव हो पाएगा? क्या सूचना की सीमांत का कोई अंत है? ये ऐसे प्रश्न हैं जो वैज्ञानिकों को अभी तक परेशान कर रहे हैं, और भविष्य के अनुसंधान इन सवालों के जवाब खोजने के लिए आवश्यक हो सकते हैं।

एक रहस्यमय नृत्य का अंत नहीं

नो-क्लोनिंग प्रमेय क्वांटम दुनिया के रहस्यमय नृत्य का सिर्फ एक अध्याय है। यह हमें सूचना की प्रकृति और ब्रह्मांड के बारे में नए तरीके से सोचने के लिए प्रेरित करता है। हालांकि यह हमें पूरी तरह से कॉपी करने की

क्षमता से वंचित करता है, लेकिन यह साथ ही हमें अविश्वसनीय संभावनाओं का द्वार भी खोलता है।

Chapter 3: Applications and Implications of Quantum Teleportation

अध्याय 3: क्वांटम टेलीपोर्टेशन के अनुप्रयोग और प्रभाव

अजेय को तोड़ना: सुरक्षित क्वांटम संचार का जादू

कल्पना करें, एक गुप्त संदेश जो हैकरों को मात दे सकता है, एक ऐसा कोड जो इतना मजबूत है कि उसे तोड़ना असंभव है। यह क्वांटम संचार का वादा है, एक ऐसी तकनीक जो सूचना के सुरक्षा के क्षेत्र में क्रांति ला सकती है। आज, हम इस जादुई दुनिया में प्रवेश करेंगे और देखेंगे कि कैसे क्वांटम दुनिया के सिद्धांत हमें अजेय कोड बना सकते हैं।

क्लासिकल संचार: भेद्यता का खेल

आज हम जिस तरह से संवाद करते हैं, वह आमतौर पर क्लासिकल एन्क्रिप्शन पर आधारित है। हम गुप्त संदेशों को जटिल गणितीय सूत्रों में छिपाते हैं, लेकिन ये कोड अजेय नहीं हैं। शक्तिशाली कंप्यूटर और लगातार विकसित हो रहे एल्गोरिदम इन कोड्स को तोड़ सकते हैं, जिससे हमारी गोपनीय जानकारी खतरे में पड़ सकती है।

क्वांटम दुनिया का जादू: सुपरपोजिशन और उलझाव

क्वांटम संचार एक बिल्कुल अलग खेल है। यह क्वांटम यांत्रिकी के दो रहस्यमय सिद्धांतों पर आधारित है: सुपरपोजिशन और उलझाव। सुपरपोजिशन में एक कण एक ही समय में कई संभावित अवस्थाओं में मौजूद रह सकता है, जैसे कि स्पिन का ऊपर या नीचे होना। उलझाव में दो कणों को एक विशेष प्रक्रिया के माध्यम से जोड़ा जाता है, जिससे

उनका अस्तित्व एक-दूसरे से जुड़ जाता है। भले ही वे कितने भी दूर हों, उनके गुण एक-दूसरे से प्रभावित होते हैं।

क्वांटम कुंजी वितरण: सुरक्षा की गारंटी

क्वांटम संचार में, क्वांटम कणों, जैसे कि फोटॉनों, का उपयोग गुप्त कुंजी बनाने के लिए किया जाता है। ये कुंजियां अत्यधिक यादृच्छिक होती हैं और पारंपरिक एल्गोरिदम के लिए उन्हें समझना असंभव है। कुंजियां उलझाए गए फोटॉनों के माध्यम से भेजी जाती हैं, और कोई भी अवरोधन उन्हें देखने का प्रयास करता है तो उलझाव टूट जाता है, जिससे चोर का पता चल जाता है।

भविष्य की झलक: क्वांटम इंटरनेट और सुरक्षित डेटा

क्वांटम संचार के निहितार्थ क्रांतिकारी हैं। यह सुरक्षित बैंकिंग, चिकित्सा रिकॉर्ड, और सरकारी संचार को सुनिश्चित कर सकता है। यह हैकरों के हमलों को रोक सकता है और महत्वपूर्ण बुनियादी ढांचे की सुरक्षा बढ़ा सकता है। भविष्य में, हम क्वांटम इंटरनेट का भी सपना देख सकते हैं, जहां डेटा क्वांटम कणों के माध्यम से तेज गति से और सुरक्षित रूप से स्थानांतरित किया जाएगा।

चुनौतियां और अनिश्चितताएं

हालांकि क्वांटम संचार क्रांति का वादा करता है, लेकिन यह अभी भी अपने विकास के शुरुआती चरण में है। तकनीकी चुनौतियां मौजूद हैं, जैसे कि लंबी दूरी पर क्वांटम कणों को भेजने की क्षमता में सुधार करना और व्यावहारिक क्वांटम नेटवर्क का निर्माण करना। लेकिन वैज्ञानिक और इंजीनियर तेजी से प्रगति कर रहे हैं, और यह उम्मीद की जाती है कि निकट भविष्य में क्वांटम संचार हमारी दुनिया को बदल देगा।

**अंत में, क्वांटम संचार सिर्फ एक तकनीक नहीं है, बल्कि एक नया दृष्टिकोण है। यह हमें सूचना की सुरक्षा के बारे में सोचने का एक नया तरीका प्रदान करता है, एक ऐसा तरीका जो भौतिकी के सबसे गहरे रहस्यों का लाभ उठाता है।

क्वांटम कंप्यूटिंग: सुपरपोजिशन की शक्ति का दोहन

कल्पना कीजिए, एक कंप्यूटर जो बिट्स के बजाय क्वांटम कणों का उपयोग करता है, जो एक साथ कई संभावनाओं में मौजूद हो सकते हैं। एक ऐसा कंप्यूटर जो समस्याओं को हल कर सकता है जो पारंपरिक कंप्यूटरों को लाखों साल लगेंगे। यह क्वांटम कंप्यूटिंग का जादू है, जो भविष्य की गणना क्रांति का वादा करता है। आज, हम इस आकर्षक दुनिया में प्रवेश करेंगे और देखेंगे कि कैसे क्वांटम सुपरपोजिशन की शक्ति हमें कंप्यूटिंग के एक नए युग में ले जा सकती है।

पारंपरिक कंप्यूटर: बिट्स का नृत्य

हम जिस तरह से कंप्यूटर का उपयोग करते हैं, वह बिट्स पर आधारित है। एक बिट या तो 0 हो सकता है या 1, सूचना के दो अलग-अलग राज्यों का प्रतिनिधित्व करता है। ये बिट्स तार्किक गेट्स के माध्यम से गणना करते हैं, समस्याओं को हल करने के लिए निर्देशों का पालन करते हैं। हालांकि, पारंपरिक कंप्यूटर कुछ समस्याओं के लिए सीमित हैं, खासकर उन समस्याओं के लिए जो बड़ी मात्रा में डेटा या जटिल गणनाओं को शामिल करती हैं।

सुपरपोजिशन: क्वांटम कणों का जादुई नृत्य

क्वांटम दुनिया में, चीजें अलग तरह से काम करती हैं। यहां, कण सुपरपोजिशन नामक एक अद्भुत अवस्था में मौजूद होते हैं। इसका मतलब है कि एक कण एक ही समय में कई संभावित अवस्थाओं में हो सकता है। यह ऐसा है जैसे वह एक ही समय में 0 और 1 दोनों हो। इस अविश्वसनीय क्षमता के कारण, क्वांटम कंप्यूटर पारंपरिक कंप्यूटरों की तुलना में समानांतर में कई संभावनाओं का पता लगा सकते हैं, जिससे उन्हें कुछ समस्याओं को बहुत तेजी से हल करने की अनुमति मिलती है।

क्वांटम कंप्यूटर: अविश्वसनीय गति और क्षमता

क्वांटम कंप्यूटर कई क्षेत्रों में क्रांतिकारी बदलाव ला सकते हैं। वे दवाइयों की खोज, सामग्रियों के डिजाइन, और वित्तीय मॉडलिंग में नई दवाओं की खोज कर सकते हैं। वे कृत्रिम बुद्धि के विकास को तेज कर सकते हैं और जटिल वैज्ञानिक सिमुलेशन को चलाने में सक्षम बना सकते हैं। वे एन्क्रिप्शन को तोड़ने और सुरक्षित संचार के नए तरीकों का विकास करने में भी भूमिका निभा सकते हैं।

अभी भी शुरुआती दिन: चुनौतियां और अवसर

हालांकि क्वांटम कंप्यूटिंग का वादा असीम है, लेकिन यह अभी भी अपने विकास के शुरुआती चरण में है। कई तकनीकी चुनौतियां बाकी हैं, जैसे कि क्वांटम कणों को त्रुटि-मुक्त बनाए रखना और बड़े पैमाने पर क्वांटम कंप्यूटरों का निर्माण करना। लेकिन वैज्ञानिक और इंजीनियर तेजी से प्रगति कर रहे हैं, और उम्मीद की जाती है कि आने वाले दशकों में क्वांटम कंप्यूटर व्यावहारिक अनुप्रयोगों में उपयोग किए जा सकेंगे।

क्वांटम कंप्यूटिंग का भविष्य: अनंत संभावनाओं का द्वार

क्वांटम कंप्यूटिंग सिर्फ तकनीक से ज्यादा है। यह एक नया दृष्टिकोण है, जो हमें समस्याओं को हल करने के तरीके पर पुनर्विचार करने के लिए प्रेरित करता है। यह हमें क्वांटम दुनिया के रहस्यों का उपयोग करके एक बेहतर भविष्य बनाने का मौका देता है। भले ही रास्ते में चुनौतियां हों, लेकिन क्वांटम कंप्यूटिंग का भविष्य उज्ज्वल है। यह हमें अनंत संभावनाओं के एक नए युग में ले जाने का वादा करता है, एक ऐसा युग जहां क्वांटम सुपरपोजिशन की शक्ति हमारे हाथों में है।

क्वांटम नेटवर्क और इंटरनेट का भविष्य: उलझाव की शक्ति से एक नया सूचना महामार्ग

कल्पना कीजिए, एक इंटरनेट जहां डेटा क्वांटम कणों के जादुई नृत्य पर सवार होकर यात्रा करता है, जहां जानकारी तुरंत और सुरक्षित रूप से दुनिया के किसी भी कोने तक पहुंच सकती है। यह क्वांटम नेटवर्क का वादा है, जो डेटा के प्रसार और सूचना के भविष्य को क्रांतिकारी रूप से बदलने की क्षमता रखता है।

क्लासिकल इंटरनेट: सीमाओं का सामना करना

आज, जो इंटरनेट हम जानते हैं, वह डेटा के पैकेटों पर आधारित है, जो फाइबर ऑप्टिक तारों या रेडियो तरंगों के पार पारंपरिक तरीकों से भेजे जाते हैं। हालांकि, यह प्रणाली कई सीमाओं का सामना करती है। डेटा का बढ़ता ट्रैफिक नेटवर्क को धीमा कर सकता है, और सुरक्षा चिंताएं लगातार बनी रहती हैं। इसके अतिरिक्त, भौतिक दूरी डेटा के प्रसार में समय और लागत का एक कारक बन जाती है।

क्वांटम नेटवर्क: उलझाव की शक्ति को दोहन

क्वांटम नेटवर्क इन चुनौतियों का समाधान करने का एक संभावित तरीका पेश करते हैं। वे क्वांटम कणों की अद्भुत विशेषताओं, जैसे सुपरपोजिशन और उलझाव, का लाभ उठाते हैं। सुपरपोजिशन में, एक कण एक ही समय में कई संभावित अवस्थाओं में मौजूद हो सकता है, जिससे डेटा के समानांतर प्रसार की अनुमति मिलती है। उलझाव में, दो कण एक विशेष प्रक्रिया के माध्यम से जुड़े होते हैं, भले ही वे कितने भी दूर हों। यह जुड़ाव तुरंत संचार और सुरक्षित डेटा ट्रांसमिशन की संभावना प्रदान करता है।

क्वांटम नेटवर्क के संभावित लाभ:

अभूतपूर्व गति: क्वांटम नेटवर्क पारंपरिक नेटवर्क की तुलना में डेटा को बहुत तेजी से प्रसारित कर सकते हैं, जिससे जटिल गणनाओं और वास्तविक समय के अनुप्रयोगों के लिए नए रास्ते खुलते हैं।

उच्च सुरक्षा: उलझाव के आधार पर क्वांटम क्रिप्टोग्राफी वर्तमान एन्क्रिप्शन विधियों को तोड़ने के लिए मौजूदा कंप्यूटर शक्ति से परे है, जिससे गोपनीय डेटा को सुरक्षित रखने में मदद मिलती है।

वितरित क्वांटम कंप्यूटिंग: क्वांटम नेटवर्क भौगोलिक रूप से अलग-अलग क्वांटम कंप्यूटरों को जोड़ सकते हैं, जिससे उनकी संयुक्त शक्ति का लाभ उठाकर जटिल समस्याओं का समाधान किया जा सकता है।

दूरस्थ संचार: उलझाव के आधार पर तुरंत संचार दूरस्थ क्षेत्रों और ग्रहों के बीच संचार में क्रांतिकारी बदलाव ला सकता है।

चुनौतियां और भविष्य का मार्ग

क्वांटम नेटवर्क का वादा असीम है, लेकिन उन्हें व्यावहारिक वास्तविकता में बदलने के लिए अभी भी कई चुनौतियां बाकी हैं। क्वांटम कणों को बड़ी दूरी तक त्रुटि-मुक्त बनाए रखना, सुरक्षित क्वांटम रिपीटर्स का निर्माण करना और बुनियादी ढांचे को अपग्रेड करना महत्वपूर्ण कदम हैं। हालांकि, वैज्ञानिक और इंजीनियर लगातार प्रगति कर रहे हैं, और उम्मीद की जाती है कि आने वाले दशकों में क्वांटम नेटवर्क प्रारंभिक अनुप्रयोगों में उपयोग किए जा सकेंगे।

क्वांटम टेलीपोर्टेशन के नैतिक सवाल: सूचना के जादुई स्थानांतरण में छिपे अनसुलझे पहेलियाँ

कल्पना कीजिए, एक तकनीक जो सूचना को भौतिक रूप से न छुए, प्रकाश की गति से भी तेज स्थानांतरित कर सके। यही क्वांटम टेलीपोर्टेशन का वादा है, एक ऐसी तकनीक जो भौतिकी के नियमों को चुनौती देती है और नैतिक सवालों का एक जटिल जाल खोलती है। आज, हम क्वांटम टेलीपोर्टेशन के जादुई दुनिया में प्रवेश करेंगे और देखेंगे कि यह तकनीक कैसे काम करती है और इसके नैतिक निहितार्थ क्या हैं।

क्वांटम टेलीपोर्टेशन: सूचना का अदृश्य स्थानांतरण

क्वांटम टेलीपोर्टेशन में, जानकारी को दो उलझे हुए कणों के बीच उलझाव के माध्यम से स्थानांतरित किया जाता है। उलझाव एक अजीबोगरीब क्वांटम घटना है जहां दो कण इस तरह से जुड़े होते हैं कि उनका अस्तित्व एक दूसरे से जुड़ा होता है, भले ही वे कितने भी दूर हों। एक कण पर किए गए माप तुरंत दूसरे कण को प्रभावित करते हैं, भौतिक दूरी के बंधन को तोड़ते हुए।

इस प्रक्रिया में, मूल कण को नष्ट कर दिया जाता है, लेकिन उसकी जानकारी उलझे हुए कण में स्थानांतरित हो जाती है। इस प्रकार, जानकारी एक स्थान से दूसरे स्थान तक बिना किसी भौतिक वस्तु के स्थानांतरित हो जाती है। यह प्रक्रिया अभी भी प्रारंभिक विकास में है, लेकिन भविष्य में क्रांतिकारी बदलाव लाने की क्षमता रखती है।

नैतिकता का जटिल जाल: क्वांटम टेलीपोर्टेशन के अनसुलझे सवाल

हालाँकि क्वांटम टेलीपोर्टेशन आशाजनक लगता है, लेकिन यह नैतिक सवालों का एक जटिल जाल भी खोलता है। यहाँ कुछ प्रमुख चिंताएं हैं:

पहचान और निजता: यदि किसी व्यक्ति की जानकारी को टेलीपोर्ट किया जा सकता है, तो क्या यह उस व्यक्ति की पहचान और स्वायत्तता को प्रभावित करेगा? क्या टेलीपोर्टेड व्यक्ति को मूल व्यक्ति माना जाएगा, या वह केवल एक कॉपी होगी?

गोपनीयता और सुरक्षा: क्या क्वांटम टेलीपोर्टेशन को हैक किया जा सकता है? उलझाव को तोड़कर जानकारी को अवरोधन का खतरा क्या है? गोपनीय जानकारी के सुरक्षित स्थानांतरण को कैसे सुनिश्चित किया जा सकता है?

युद्ध और आतंकवाद: क्या क्वांटम टेलीपोर्टेशन का इस्तेमाल हथियारों के तेजी से परिवहन या आतंकवादी गतिविधियों को सुविधाजनक बनाने के लिए किया जा सकता है? इस जोखिम को कम करने के लिए कौन से सुरक्षा उपायों की आवश्यकता है?

नियम और कानून: क्वांटम टेलीपोर्टेशन के उपयोग को विनियमित करने के लिए कौन से कानून और नैतिक मानकों की आवश्यकता है? क्या वर्तमान कानून इस नई तकनीक को संबोधित करने के लिए पर्याप्त हैं?

ये सिर्फ कुछ ऐसे सवाल हैं जो क्वांटम टेलीपोर्टेशन के विकास के साथ उठ रहे हैं। इन सवालों का जवाब देने के लिए वैज्ञानिकों, दार्शनिकों, कानूनविदों और नीति निर्माताओं के बीच व्यापक संवाद की आवश्यकता है। यह सुनिश्चित करना महत्वपूर्ण है कि क्वांटम टेलीपोर्टेशन का उपयोग नैतिक रूप से जिम्मेदार तरीके से किया जाए, जो सभी के लिए लाभ लाए और नुकसान न पहुँचाए।

भविष्य की तलाश: एक नैतिक कम्पास के साथ क्वांटम क्रांति को नेविगेट करना

क्वांटम टेलीपोर्टेशन भविष्य में सूचना के प्रसार और तकनीकी विकास में क्रांतिकारी बदलाव ला सकता है।

Chapter 4: The Challenges and Future of Quantum Teleportation

अध्याय 4: क्वांटम टेलीपोर्टेशन की चुनौतियां और भविष्य

क्वांटम प्रयोगों की चुनौतियां: शोर, विसंगठन, और लंबी दूरी का उलझाव

क्वांटम दुनिया की अद्भुत क्षमताएं हमें अविश्वसनीय संभावनाओं की झलक दिखाती हैं, लेकिन वास्तविकता ये है कि क्वांटम घटनाओं के साथ काम करना कई कठिन चुनौतियों से भरा हुआ है। आज, हम क्वांटम प्रयोगों की तीन प्रमुख बाधाओं पर ध्यान देंगे: शोर, विसंगठन, और लंबी दूरी का उलझाव।

1. शोर: क्वांटम संकेतों का दुश्मन

कल्पना करें कि आप एक कमरे में बैठे हैं और एक फुसफुसाहट सुनने की कोशिश कर रहे हैं। लेकिन कमरे में टीवी का शोर, बाहर से आने वाला ट्रैफिक का शोर, और यहां तक कि आपकी खुद की सांस भी उस फुसफुसाहट को दबा देती है। क्वांटम प्रयोगों में, शोर एक समान दुश्मन है। यह बाहरी वातावरण से आने वाले अवांछित संकेत हैं जो क्वांटम कणों को परेशान करते हैं और उनके नाजुक सुपरपोजिशन अवस्था को नष्ट कर देते हैं। यह शोर क्वांटम माप को गलत कर सकता है, प्रयोगों को विफल कर सकता है, और मूल्यवान डेटा को नष्ट कर सकता है।

2. विसंगठन: सुंदरता का क्षय

क्वांटम उलझाव एक नाजुक संतुलन की तरह है। दो कणों को एक साथ जोड़ा जाता है, उनके गुण इस तरह से जुड़े होते हैं कि एक पर किया गया माप दूसरे को तुरंत प्रभावित करता है। लेकिन यह संतुलन नाजुक है और समय के साथ टूट सकता है। इसे विसंगठन कहा जाता है। जैसे ही उलझे हुए कण बाहरी वातावरण के साथ बातचीत करते हैं, उनका उलझाव धीरे-धीरे कमजोर हो जाता है, और अंत में, वे पूरी तरह से अलग-अलग हो जाते हैं। विसंगठन एक बड़ी चुनौती है, खासकर लंबी दूरी के संचार और कंप्यूटिंग अनुप्रयोगों के लिए, जहां उलझाव को काफी समय तक बनाए रखना आवश्यक है।

3. लंबी दूरी का उलझाव: संकेत को मजबूत बनाना

उलझाव की शक्ति को पूरी तरह से महसूस करने के लिए, हमें कणों को बड़ी दूरी पर अलग करने में सक्षम होना चाहिए। लेकिन यह आसान नहीं है। क्वांटम उलझाव नाजुक है, और लंबी दूरी तय करने के लिए क्वांटम संकेत कमजोर और क्षीण हो सकते हैं। फाइबर ऑप्टिक केबल और विशेष लेजर तकनीकों का उपयोग करके क्वांटम उलझाव को कुछ किलोमीटर तक बनाए रखा जा सकता है, लेकिन इससे आगे की दूरी एक बड़ी चुनौती है। लंबी दूरी का उलझाव भविष्य के क्वांटम नेटवर्क और सुरक्षित संचार प्रणालियों के लिए आवश्यक है, इसलिए इसे हल करना एक महत्वपूर्ण शोध लक्ष्य है।

चुनौतियों के बावजूद, आशा है

यह मत समझिए कि ये चुनौतियां क्वांटम भौतिकी के भविष्य को निराश करती हैं। वैज्ञानिक और इंजीनियर लगातार नई तकनीकों और सामग्रियों का विकास कर रहे हैं जो शोर को कम कर सकते हैं, विसंगठन को धीमा कर सकते हैं, और लंबी दूरी पर उलझाव को बढ़ा सकते हैं। हर नया प्रयोग, हर सफलता, हमें क्वांटम दुनिया के रहस्यों को उजागर करने और

उनका उपयोग क्रांतिकारी नए अनुप्रयोगों के लिए करने के करीब लाती है।

त्रुटि सुधार और दोष सहनशीलताः क्वांटम प्रणालियों की एक छिपी हुई चुनौती

क्वांटम दुनिया भौतिकी के नियमों को फिर से लिखने का वादा करती है, लेकिन एक महत्वपूर्ण चुनौती सामने आती है: त्रुटियां। क्वांटम सिस्टम नाजुक होते हैं और छोटे-छोटे व्यवधान या त्रुटियां उनके नाजुक संतुलन को बिगाड़ सकती हैं, जिससे गणना गलत हो जाती है और सूचना खो जाती है। यहीं पर त्रुटि सुधार और दोष सहनशीलता की भूमिका महत्वपूर्ण हो जाती है।

क्वांटम क्विबिट्स: त्रुटियों के प्रति संवेदनशील

क्लासिकल कंप्यूटर बिट्स का उपयोग करते हैं, जो या तो 0 या 1 हो सकते हैं। लेकिन क्वांटम कंप्यूटर क्विबिट्स का उपयोग करते हैं, जो एक ही समय में 0 और 1 दोनों अवस्थाओं के सुपरपोजिशन में मौजूद हो सकते हैं। यह सुपरपोजिशन क्वांटम कंप्यूटर को अभूतपूर्व शक्ति देता है, लेकिन यह उन्हें त्रुटियों के प्रति भी बेहद संवेदनशील बनाता है। उदाहरण के लिए, एक छोटा सा व्यवधान क्विबिट को गलत अवस्था में माप सकता है, जिससे पूरे गणना में त्रुटि हो सकती है।

त्रुटि सुधार: एक जटिल नृत्य

त्रुटि सुधार क्वांटम सूचना की रक्षा करने के लिए अतिरिक्त क्विबिट्स और जटिल गणितीय संचालन का उपयोग करता है। ये अतिरिक्त क्विबिट्स त्रुटियों का पता लगाने और उन्हें ठीक करने के लिए एक अतिरिक्त परत के रूप में काम करते हैं। यह प्रक्रिया जटिल है और इसमें त्रुटियों के लिए निरंतर निगरानी करना और आवश्यक सुधार लागू करना शामिल है।

दोष सहनशीलता: त्रुटियों के साथ काम करना

त्रुटि सुधार आदर्श होता है, लेकिन क्वांटम प्रणालियों में त्रुटियों को पूरी तरह से समाप्त करना असंभव है। यही वह जगह है जहां दोष सहनशीलता की अवधारणा आती है। यह विचार सरल है: त्रुटियों को पूरी तरह से मिटाने के बजाय, उन्हें बर्दाश्त करने के लिए क्वांटम सिस्टम को डिजाइन करें। यह त्रुटियों को कम करने और उनके प्रभाव को कम करने के लिए विशेष एल्गोरिदम और कोड का उपयोग करके किया जाता है।

चुनौतियां और भविष्य का रास्ता

त्रुटि सुधार और दोष सहनशीलता क्वांटम कंप्यूटिंग के विकास में महत्वपूर्ण बाधाएं हैं। वर्तमान त्रुटि सुधार तकनीकें जटिल और संसाधन-गहन हैं, और बड़े क्वांटम कंप्यूटरों के निर्माण में बाधा बनती हैं। लेकिन शोध तेजी से आगे बढ़ रहा है, और वैज्ञानिक लगातार नए तरीके खोज रहे हैं त्रुटियों से निपटने के लिए।

भविष्य में त्रुटि सुधार और दोष सहनशीलता के विकास के कुछ संभावित तरीके हैं:

- नई सामग्री और तकनीकों का विकास: क्विबिट्स को बनाने के लिए नई सामग्री और तकनीकों का विकास उन्हें अधिक स्थिर और त्रुटि-मुक्त बना सकता है।

- ** बेहतर त्रुटि सुधार कोड**: अधिक प्रभावी त्रुटि सुधार कोड विकसित करना त्रुटियों को पकड़ने और उन्हें ठीक करने की प्रक्रिया को कम संसाधन-गहन बना सकता है।

- दोष सहनशील डिजाइन: क्वांटम सिस्टम को डिजाइन करना जो स्वाभाविक रूप से त्रुटियों के प्रति अधिक टिकाऊ और अनुकूलनीय हों।

क्वांटम टेलीपोर्टेशन का विस्तार: प्रयोगशाला से वास्तविक दुनिया तक

कल्पना कीजिए कि जानकारी को एक स्थान से दूसरे स्थान पर पलक झपकते ही भेजा जा सकता है, बिना किसी भौतिक वस्तु के हिलने-डुलने के। यह क्वांटम टेलीपोर्टेशन का जादू है, एक ऐसी तकनीक जो क्वांटम कणों के अजीबोगरीब गुणों का उपयोग करके सूचना को भौतिक रूप से दूरस्थ स्थानों तक पहुंचाती है। हालांकि, अभी तक यह तकनीक प्रयोगशालाओं तक ही सीमित है, लेकिन इसका संभावित उपयोग हमें वास्तविक दुनिया में क्रांतिकारी बदलाव ला सकता है। आज, हम देखेंगे कि कैसे क्वांटम टेलीपोर्टेशन के विस्तार से वास्तविक-दुनिया के अनुप्रयोगों तक पहुंचा जा सकता है।

क्वांटम टेलीपोर्टेशन: सूचना की जादुई यात्रा

क्वांटम टेलीपोर्टेशन में, जानकारी को दो उलझे हुए कणों के बीच उलझाव के माध्यम से स्थानांतरित किया जाता है। उलझाव एक अद्भुत घटना है जहां दो कण एक विशेष प्रक्रिया के माध्यम से जुड़े होते हैं, भले ही वे कितने भी दूर हों। एक कण पर किए गए माप दूसरे कण को तुरंत प्रभावित करते हैं, भौतिक दूरी को दरकिनार करते हुए। इस प्रक्रिया में, मूल कण को नष्ट कर दिया जाता है, लेकिन उसकी जानकारी उलझे हुए कण में स्थानांतरित हो जाती है। इस प्रकार, जानकारी एक स्थान से दूसरे स्थान पर भौतिक रूप से बिना किसी वस्तु के प्रेषित हो जाती है।

प्रयोगशाला से परे: क्वांटम टेलीपोर्टेशन के संभावित अनुप्रयोग

हालांकि अभी क्वांटम टेलीपोर्टेशन प्रायोगिक अवस्था में है, लेकिन इसके संभावित अनुप्रयोग दूरगामी हैं। कुछ प्रमुख क्षेत्र जहां यह तकनीक क्रांति ला सकती है:

- सुरक्षित संचार: उलझाव को तोड़ना वर्तमान एन्क्रिप्शन विधियों के लिए असंभव है, जिससे क्वांटम टेलीपोर्टेशन गोपनीय जानकारी को सुरक्षित रूप से प्रसारित करने का एक अटूट तरीका बन सकता है।

- वितरित क्वांटम कंप्यूटिंग: अलग-अलग स्थानों पर स्थित क्वांटम कंप्यूटरों को उलझाव के माध्यम से जोड़ा जा सकता है, जिससे उनकी संयुक्त शक्ति का लाभ उठाकर जटिल समस्याओं को हल करने में मदद मिल सकती है।

- दूरस्थ संचार: क्वांटम टेलीपोर्टेशन भविष्य में ग्रहों के बीच या दूरस्थ क्षेत्रों के बीच तुरंत संचार का माध्यम बन सकता है।

- वैज्ञानिक अनुसंधान: क्वांटम टेलीपोर्टेशन का उपयोग क्वांटम घटनाओं के अध्ययन में क्रांति ला सकता है और मौलिक भौतिकी के हमारे ज्ञान को बढ़ा सकता है।

विस्तार की चुनौतियां:

हालांकि क्वांटम टेलीपोर्टेशन का वादा असीम है, लेकिन इसे वास्तविक दुनिया में लाने के लिए अभी भी कई चुनौतियां बाकी हैं। कुछ प्रमुख बाधाएं हैं:

- दूरी: वर्तमान में, क्वांटम टेलीपोर्टेशन की दूरी कुछ किलोमीटर तक सीमित है। लंबी दूरी तक उलझाव को बनाए रखना एक महत्वपूर्ण चुनौती है।

- शोर: बाहरी वातावरण से आने वाला शोर क्वांटम कणों को परेशान कर सकता है और उलझाव को नष्ट कर सकता है। शोर को कम करना और उलझाव की रक्षा करना आवश्यक है।

- लागत: वर्तमान में, क्वांटम टेलीपोर्टेशन के लिए आवश्यक उपकरण महंगे और जटिल हैं। व्यावहारिक अनुप्रयोगों के लिए लागत को कम करना आवश्यक है।

क्वांटम टेलीपोर्टेशन: सूचना का जादुई स्थानांतरण

क्वांटम टेलीपोर्टेशन में, जानकारी को दो उलझे हुए कणों के बीच उलझाव के माध्यम से स्थानांतरित किया जाता है। उलझाव एक अजीब क्वांटम घटना है जहां दो कणों को इस तरह से जोड़ा जाता है कि उनका अस्तित्व एक दूसरे से जुड़ा होता है, भले ही वे कितने भी दूर हों। एक कण पर किए गए माप तुरंत दूसरे कण को प्रभावित करते हैं, भौतिक दूरी के बंधनों को तोड़ते हुए।

इस प्रक्रिया में, मूल कण को नष्ट कर दिया जाता है, लेकिन उसकी जानकारी उलझे हुए कण में स्थानांतरित हो जाती है। इस प्रकार, जानकारी एक स्थान से दूसरे स्थान तक बिना किसी भौतिक वस्तु के स्थानांतरित हो जाती है। यह प्रक्रिया अभी भी प्रारंभिक विकास में है, लेकिन भविष्य में क्रांतिकारी बदलाव लाने की क्षमता रखती है।

बड़े पैमाने पर वृद्धि: चुनौतियां और समाधान

हालांकि क्वांटम टेलीपोर्टेशन आशाजनक लगता है, लेकिन इसे वास्तविक दुनिया के अनुप्रयोगों में लाने के लिए बड़ी चुनौतियां बाकी हैं:

दूरी की सीमा: वर्तमान में, क्वांटम टेलीपोर्टेशन को केवल कुछ किलोमीटर की दूरी तक ही प्रदर्शित किया गया है। लंबी दूरी तक उलझाव को बनाए रखना एक बड़ी चुनौती है, और वैज्ञानिकों को नए तरीके खोजने की आवश्यकता है।

शोर और त्रुटियां: क्वांटम प्रणालियां शोर और त्रुटियों के प्रति अत्यधिक संवेदनशील होती हैं, जो क्वांटम टेलीपोर्टेशन की सटीकता और विश्वसनीयता को कम कर सकती हैं। त्रुटि सुधार कोड और नई तकनीकों का विकास महत्वपूर्ण है।

- क्वांटम उलझाव का स्रोत: वर्तमान में, क्वांटम टेलीपोर्टेशन के लिए आवश्यक उलझाव का स्रोत सीमित है। बड़े पैमाने पर अनुप्रयोगों के लिए, विश्वसनीय और कुशल उलझाव स्रोतों का विकास आवश्यक है।

- नियम और मानक: क्वांटम टेलीपोर्टेशन जैसे उभरती तकनीकों के लिए नियामक ढांचा और सुरक्षा मानकों को स्थापित करने की आवश्यकता है।

हालांकि चुनौतियां महत्वपूर्ण हैं, लेकिन वैज्ञानिक और इंजीनियर उनसे निपटने के लिए प्रगति कर रहे हैं। कुछ संभावित समाधानों में शामिल हैं:

- प्रकाश फाइबर और सैटेलाइट तकनीकों का उपयोग करके लंबी दूरी के उलझाव को बढ़ाना।

- शोर और त्रुटियों को कम करने के लिए उन्नत त्रुटि सुधार कोड और तकनीकों का विकास करना।

- नई सामग्रियों और तकनीकों का उपयोग करके कुशल और विश्वसनीय उलझाव स्रोतों का निर्माण करना।

- विभिन्न हितधारकों के बीच सहयोग को बढ़ावा देकर क्वांटम टेलीपोर्टेशन के लिए नियामक ढांचा और सुरक्षा मानक विकसित करना।

क्वांटम वर्चस्व की दौड़: भविष्य के लिए द्वार खोलते हुए

कल्पना कीजिए, कंप्यूटर जो मौजूदा सबसे शक्तिशाली मशीनों की गणना शक्ति को धूल-धूसरित कर दें, ऐसी मशीनें जो दवाओं की खोज से लेकर सामग्रियों के डिजाइन तक, समस्याओं को हल कर सकें जो आज तक मानवता की समझ से परे हैं। यह क्वांटम कंप्यूटरों का वादा है, और उन तक पहुंचने की दौड़, जिसे क्वांटम वर्चस्व की दौड़ कहा जाता है, भविष्य को बदलने की क्षमता रखती है।

पारंपरिक कंप्यूटरों की सीमाएं:

आज हम जो कंप्यूटर इस्तेमाल करते हैं, वे बिट्स पर निर्भर करते हैं, जो या तो 0 या 1 हो सकते हैं। यह डिजिटल दुनिया उनकी ताकत और कमजोरी दोनों है। जटिल समस्याओं के लिए, उन्हें भारी मात्रा में गणना करने की आवश्यकता होती है, जो उनके प्रदर्शन को सीमित करता है।

क्वांटम कंप्यूटर: सुपरपोजिशन की शक्ति:

क्वांटम कंप्यूटर एक अलग तरह से काम करते हैं। वे क्विबिट्स का उपयोग करते हैं, जो एक ही समय में 0 और 1 दोनों अवस्थाओं में मौजूद हो सकते हैं, जिसे सुपरपोजिशन कहते हैं। यह उन्हें समस्याओं का समाधान करने के लिए समानांतर में कई संभावनाओं का पता लगाने की अनुमति देता है, जिससे उन्हें अभूतपूर्व गति और शक्ति मिलती है।

क्वांटम वर्चस्व: एक मील का पत्थर:

क्वांटम वर्चस्व उस बिंदु को संदर्भित करता है जब एक क्वांटम कंप्यूटर एक विशिष्ट समस्या को हल करने में किसी भी पारंपरिक कंप्यूटर से तेज होगा। यह एक महत्वपूर्ण मील का पत्थर होगा, जो क्वांटम कंप्यूटिंग की

व्यावहारिक क्षमता को साबित करेगा और इसके लिए नए अनुप्रयोगों का द्वार खोलेगा।

दौड़ जारी है:

दुनिया भर के शोधकर्ता और कंपनियां क्वांटम वर्चस्व हासिल करने की दौड़ में शामिल हैं। Google, IBM, Microsoft और अन्य प्रमुख खिलाड़ी इस क्षेत्र में अरबों डॉलर का निवेश कर रहे हैं और लगातार नई सफलताएं हासिल कर रहे हैं। हालांकि, क्वांटम कंप्यूटर अभी भी प्रारंभिक विकास के चरण में हैं, और इसमें कुछ समय लग सकता है जब तक कि वे सैद्धांतिक क्षमता को व्यावहारिक समाधानों में बदल सकें।

भविष्य के प्रभाव:

क्वांटम कंप्यूटरों का भविष्य पर गहरा प्रभाव पड़ने की उम्मीद है। वे दवाओं की खोज और सामग्रियों के डिजाइन में क्रांति ला सकते हैं, नए रसायनों और ऊर्जा स्रोतों का आविष्कार कर सकते हैं, और वित्तीय मॉडल और आर्थिक भविष्यवाणियों को बेहतर बना सकते हैं। वे कृत्रिम बुद्धि को भी बढ़ावा दे सकते हैं, और संभावित रूप से सुपर-इंटेलिजेंट मशीनों के विकास की ओर ले जा सकते हैं।

चुनौतियां और नैतिकता:

क्वांटम कंप्यूटरों के साथ महत्वपूर्ण चुनौतियां भी आती हैं। सुरक्षा और गोपनीयता बड़ी चिंताएं हैं, क्योंकि क्वांटम कंप्यूटर मौजूदा एन्क्रिप्शन तकनीकों को तोड़ सकते हैं। नैतिकता का सवाल भी महत्वपूर्ण है, क्योंकि इस शक्तिशाली तकनीक का दुरुपयोग समाज के लिए गंभीर परिणाम ला सकता है। इसलिए, क्वांटम कंप्यूटरों के विकास के साथ ही, उनके उपयोग को विनियमित करने और नैतिक सुरक्षा उपायों को लागू करने के लिए अंतरराष्ट्रीय सहयोग आवश्यक है। कल्पना कीजिए कि एक कंप्यूटर

मौजूद है जो आज के सबसे शक्तिशाली सुपरकंप्यूटरों को धूल चटा दे, जटिल समस्याओं को हल करने में मिनटों नहीं, बल्कि सेकंडों में ही हल कर ले। यह क्वांटम कंप्यूटरों का वादा है, जो क्वांटम यांत्रिकी के सिद्धांतों का उपयोग करके गणना करते हैं और पारंपरिक कंप्यूटरों की क्षमताओं को पार करने की क्षमता रखते हैं। दुनिया भर के वैज्ञानिक और तकनीकी दिग्गज अब इस शक्तिशाली तकनीक पर हावी होने के लिए एक दौड़ में लगे हुए हैं, जिसे क्वांटम वर्चस्व के रूप में जाना जाता है।

क्वांटम वर्चस्व क्या है?

क्वांटम वर्चस्व उस बिंदु को संदर्भित करता है जब एक क्वांटम कंप्यूटर किसी विशिष्ट कार्य को करने में किसी भी पारंपरिक कंप्यूटर से बेहतर प्रदर्शन करता है। यह कार्य अक्सर कृत्रिम रूप से या बेतरतीब रूप से चुना जाता है, लेकिन यह क्वांटम कंप्यूटर की क्षमताओं का एक बेंचमार्क प्रदान करता है और भविष्य में इसके अनुप्रयोगों की संभावना को दर्शाता है।

क्वांटम कंप्यूटर कैसे पारंपरिक कंप्यूटरों से अलग हैं?

पारंपरिक कंप्यूटर बिट्स पर काम करते हैं, जो या तो 0 या 1 हो सकते हैं। क्वांटम कंप्यूटर, हालांकि, क्विबिट्स का उपयोग करते हैं, जो क्वांटम सुपरपोजिशन की स्थिति में हो सकते हैं, जिसका अर्थ है कि वे एक ही समय में 0 और 1 दोनों हो सकते हैं। यह क्वांटम कंप्यूटरों को समानांतर में कई संभावित समाधानों का पता लगाने की अनुमति देता है, जिससे उन्हें कुछ समस्याओं को तेजी से हल करने में सक्षम बनाता है।

क्वांटम वर्चस्व के दौड़ में कौन शामिल है?

क्वांटम वर्चस्व की दौड़ में कई दिग्गज कंपनियां और शोध संस्थान शामिल हैं, जिनमें Google, IBM, Microsoft, Intel, Alibaba और कई अन्य

शामिल हैं। प्रत्येक कंपनी अलग-अलग क्वांटम कंप्यूटर हार्डवेयर और सॉफ्टवेयर पर काम कर रही है, जिससे इस दौड़ को और भी रोमांचक बनाती है।

क्वांटम वर्चस्व के निहितार्थ क्या हैं?

क्वांटम वर्चस्व तक पहुंचने के निहितार्थ व्यापक और दूरगामी हैं। यह दवाओं की खोज, सामग्री विज्ञान, वित्तीय मॉडलिंग, कृत्रिम बुद्धि और कई अन्य क्षेत्रों में क्रांतिकारी परिवर्तन ला सकता है। उदाहरण के लिए, क्वांटम कंप्यूटर नए ड्रग्स के विकास में तेजी ला सकते हैं, जिससे दुर्लभ बीमारियों के लिए इलाज खोजने में मदद मिल सकती है। वे नई सामग्रियों के डिजाइन में भी सहायता कर सकते हैं जो हल्की, मजबूत और अधिक कुशल हों।

क्वांटम वर्चस्व की दौड़ में चुनौतियां क्या हैं?

हालांकि क्वांटम कंप्यूटरों का वादा बहुत बड़ा है, लेकिन अभी भी कई चुनौतियां हैं जिन्हें दूर करने की आवश्यकता है। क्वांटम कंप्यूटर अभी भी प्रारंभिक विकास में हैं, और उन्हें शोर और त्रुटियों के प्रति संवेदनशील माना जाता है। इसके अलावा, क्वांटम कंप्यूटरों के लिए उपयोगी एल्गोरिदम विकसित करना एक बड़ी चुनौती है।

Chapter 5: Beyond Teleportation: Exploring the Frontiers of Quantum Physics

अध्याय 5: टेलीपोर्टेशन से परे: क्वांटम भौतिकी के सीमाओं का पता लगाना

क्वांटम बहु-कण प्रणालियां और सर्वव्यापी सिद्धांत की खोज: ब्रह्मांड की पहेली को सुलझाते हुए

कल्पना कीजिए, एक ऐसा सिद्धांत जो ब्रह्मांड की प्रत्येक घटना को एक सूत्र में पिरोता हो, गुरुत्वाकर्षण से लेकर प्रकाश की गति तक, सब कुछ एक ही छत के नीचे। यह सर्वव्यापी सिद्धांत की खोज का लक्ष्य है, और क्वांटम बहु-कण प्रणालियां इस पहेली को सुलझाने में महत्वपूर्ण भूमिका निभा सकती हैं।

क्वांटम बहु-कण प्रणालियों की आकर्षक दुनिया:

हमारे आसपास की दुनिया मैक्रोस्कोपिक स्तर पर सरल नियमों का पालन करती है। लेकिन जब हम परमाणुओं और उप-परमाणुक कणों के क्वांटम दायरे में प्रवेश करते हैं, तो नियम बदल जाते हैं। क्वांटम कण एक ही समय में कई अवस्थाओं में मौजूद हो सकते हैं, वे एक-दूसरे से जुड़े होते हैं, और अजीब ढंग से प्रभावित होते हैं।

क्वांटम बहु-कण प्रणालियां ऐसे ही कणों से बनी होती हैं, और वे ब्रह्मांड के सबसे जटिल और कम समझी जाने वाली घटनाओं का प्रतिनिधित्व करती हैं। एक पानी का अणु, एक सुपरनोवा का विस्फोट, या यहां तक कि मानव मस्तिष्क का कार्य - ये सभी क्वांटम बहु-कण प्रणालियों के उदाहरण हैं।

सर्वव्यापी सिद्धांत की खोज में:

भौतिकी के मानक मॉडल ने वैज्ञानिकों को ब्रह्मांड के कई पहलुओं को समझने में सक्षम बनाया है। लेकिन यह गुरुत्वाकर्षण बल को शामिल नहीं करता है, जो ब्रह्मांड के बड़े पैमाने पर संरचना को नियंत्रित करता है। एक सर्वव्यापी सिद्धांत क्वांटम यांत्रिकी के नियमों को गुरुत्वाकर्षण के साथ जोड़ देगा, जिससे हमें ब्रह्मांड की पूरी तस्वीर मिल सके।

क्वांटम बहु-कण प्रणालियां इस खोज में महत्वपूर्ण सुराग प्रदान कर सकती हैं। वे हमें यह समझने में मदद करते हैं कि क्वांटम कण कैसे बातचीत करते हैं, उलझते हैं, और एक-दूसरे को प्रभावित करते हैं। यह ज्ञान हमें गुरुत्वाकर्षण के क्वांटम सिद्धांत को विकसित करने में मदद कर सकता है, जो सर्वव्यापी सिद्धांत की ओर एक आवश्यक कदम है।

चुनौतियां और आशाएं:

क्वांटम बहु-कण प्रणालियों का अध्ययन करना बेहद जटिल है। इन प्रणालियों का व्यवहार सटीक रूप से गणना करना कठिन है, और उनके व्यवहार को नियंत्रित करने के लिए हमारे पास अभी तक शक्तिशाली पर्याप्त तकनीकें नहीं हैं। लेकिन शोध तेजी से आगे बढ़ रहा है, और वैज्ञानिक लगातार नई तकनीकें विकसित कर रहे हैं जो हमें इन प्रणालियों को बेहतर ढंग से समझने में सक्षम बनाएंगे।

उम्मीद यह है कि क्वांटम कंप्यूटरों के उदय के साथ, हम इन जटिल प्रणालियों को सिम्युलेट करने और उनके व्यवहार को अधिक सटीक रूप से भविष्यवाणी करने में सक्षम होंगे। यह नया ज्ञान हमें सर्वव्यापी सिद्धांत की खोज में महत्वपूर्ण प्रगति करने की अनुमति दे सकता है।

क्वांटम बहु-कण प्रणालियां: ब्रह्मांड का सूक्ष्म प्रतिबिंब

ब्रह्मांड में सब कुछ, हमसे लेकर ग्रहों तक, अंततः कणों से बना है। क्वांटम बहु-कण प्रणालियां इन कणों के समूह का अध्ययन करती हैं, यह पता लगाती हैं कि वे कैसे परस्पर क्रिया करते हैं और सामूहिक रूप से व्यवहार करते हैं। ये प्रणालियां, चाहे वे परमाणु नाभिक के अंदर क्वार्कों का नृत्य हों या सुपरकंडक्टर्स में इलेक्ट्रॉनों का सामंजस्यपूर्ण प्रवाह हों, ब्रह्मांड के बुनियादी नियमों को समझने के लिए एक अनूठा लेंस प्रदान करती हैं।

एक बड़ी पहेली: क्वांटम गुरुत्वाकर्षण

एक बड़ी चुनौती जो वैज्ञानिकों को परेशान करती है वह है गुरुत्वाकर्षण को क्वांटम सिद्धांत के साथ जोड़ना। गुरुत्वाकर्षण, जो हमें ग्रह पर टिकाए रखता है और आकाशगंगों को घुमाता है, क्वांटम दुनिया के नियमों के अनुरूप नहीं लगता है। क्वांटम बहु-कण प्रणालियां वैज्ञानिकों को गुरुत्वाकर्षण के क्वांटम व्यवहार की जांच करने और एकीकृत सिद्धांत की दिशा में महत्वपूर्ण कदम उठाने की अनुमति दे सकती हैं।

क्वांटम सिमुलेटर: ब्रह्मांड को प्रयोगशाला में लाना

क्वांटम बहु-कण प्रणालियों का अध्ययन करना बेहद जटिल है। लेकिन एक नया उपकरण वैज्ञानिकों को इन प्रणालियों के व्यवहार का अनुकरण करने और उनकी भविष्यवाणी करने की शक्ति देता है: क्वांटम सिमुलेटर। ये उन्नत मशीनें क्वांटम कणों के छोटे समूहों को नियंत्रित करके और उनके बीच होने वाले अंतर्संबंधों की नकल करके, ब्रह्मांड के सूक्ष्म रहस्यों की जांच कर सकती हैं।

एक अज्ञात क्षेत्र का पता लगाना: संभावित प्रभाव

क्वांटम बहु-कण प्रणालियों का अध्ययन एकीकृत सिद्धांत की खोज से परे कई आशाजनक संभावनाएं खोलता है। इन अध्ययनों से दवाओं की खोज

में क्रांति लाने, नई सामग्रियों के डिजाइन में मदद करने, और भविष्य के शक्तिशाली क्वांटम कंप्यूटरों के विकास में योगदान मिल सकता है। यहां कुछ संभावित प्रभावों पर प्रकाश डाला गया है:

- नई सामग्री: क्वांटम सामग्रियों के डिजाइन में क्रांति, जो उच्च तापमान सुपरकंडक्टर्स, बेहतर सौर सेल, और अल्ट्रा-लाइट विमान जैसे अनुप्रयोगों का मार्ग प्रशस्त करेगी।

- दवा की खोज: क्वांटम सिमुलेटर का उपयोग करके जटिल रासायनिक प्रतिक्रियाओं और प्रोटीन गतिशीलता का अध्ययन, जिससे नई दवाओं और चिकित्सा उपचारों का विकास हो सकता है।

- क्वांटम कंप्यूटर: बहु-कण प्रणालियों का अध्ययन, क्वांटम कंप्यूटरों के डिजाइन और विकास में सुधार करने में मदद करेगा, जो जटिल समस्याओं को हल करने में पारंपरिक कंप्यूटरों को पछाड़ देंगे।

क्वांटम गुरुत्वाकर्षण और प्रकृति के बलों का एकीकरण: ब्रह्मांड के महान नृत्य को समझना

कल्पना करें कि आप सूर्य की गर्म किरणों को महसूस कर सकते हैं, एक चुंबक के दो टुकड़ों के बीच अदृश्य पुल को देख सकते हैं, और परमाणुओं के अंदर इलेक्ट्रॉनों के विद्युत नृत्य को देख सकते हैं। यह प्रकृति के चार बुनियादी बलों का जादुई खेल है: गुरुत्वाकर्षण, विद्युत चुंबकीय, मजबूत बल और कमजोर बल। ये बल ब्रह्मांड के हर कण और घटना को नियंत्रित करते हैं, लेकिन उनका वर्णन करने के लिए हमारे पास अलग-अलग सिद्धांत हैं।

यहीं पर क्वांटम गुरुत्वाकर्षण का रोमांचक क्षेत्र सामने आता है। इसका लक्ष्य प्रकृति के इन चार बलों को एक ही छत के नीचे लाना है, एक ऐसा सिद्धांत बनाना जो उनके व्यवहार को एकीकृत करे और ब्रह्मांड के मौलिक रहस्यों को उजागर करे।

प्रकृति के बलों का अलग-अलग नृत्य

गुरुत्वाकर्षण, ब्रह्मांड में सबसे कमजोर बल होने के बावजूद, आकाशगंगों को आकर्षित करता है और हमें जमीन पर टिकाए रखता है। इसकी भविष्यवाणियां आइंस्टीन के सापेक्षता के सिद्धांत पर आधारित हैं, जो बड़े पैमाने पर वस्तुओं के लिए बहुत सटीक है।

विद्युत चुंबकीय बल, सबसे परिचित बल, विद्युत आवेशों के बीच आकर्षण और प्रतिकर्षण को नियंत्रित करता है। यह बिजली, चुंबकत्व और प्रकाश का स्रोत है, और इसका वर्णन क्वांटम इलेक्ट्रोडायनामिक्स (QED) द्वारा किया जाता है।

- मजबूत बल, परमाणु नाभिक के अंदर क्वार्कों को एक साथ रखता है। यह एक अत्यंत शक्तिशाली बल है, जिसका वर्णन क्वांटम क्रोमोडायनामिक्स (QCD) द्वारा किया जाता है।

कमजोर बल, रेडियोधर्मी क्षय में शामिल होता है, जो भारी नाभिकों को छोटे नाभिकों में बदल देता है। यह बल परमाणुओं के अंदर भी काम करता है और इसका वर्णन कमजोर बल सिद्धांत द्वारा किया जाता है।

एकता की खोज: क्वांटम गुरुत्वाकर्षण का वादा

इन चार बलों का पृथक रूप से वर्णन करना सफल रहा है, लेकिन वे क्वांटम सिद्धांत के साथ असंगत हैं, जो परमाणुओं और छोटे कणों के व्यवहार का वर्णन करता है। यही वह जगह है जहां क्वांटम गुरुत्वाकर्षण आता है। यह एकीकृत सिद्धांत का वादा करता है, जो ब्रह्मांड के सभी बलों को एक ही ढांचे में जोड़ देगा, गुरुत्वाकर्षण को क्वांटम सिद्धांत के अनुरूप बनाएगा और हमारे ब्रह्मांड के बारे में हमारी समझ को पूरी तरह से बदल देगा।

चुनौतीपूर्ण नृत्य: क्वांटम गुरुत्वाकर्षण के रास्ते में बाधाएं

क्वांटम गुरुत्वाकर्षण एक कठिन पहेली है। गुरुत्वाकर्षण क्वांटम सिद्धांत के साथ असंगत है क्योंकि यह एक क्षेत्र बल है, जबकि अन्य बल कणों के माध्यम से कार्य करते हैं। इसका मतलब है कि गुरुत्वाकर्षण को क्वांटम बनाने की कोशिश करते समय गणितीय समस्याएं और अवधारणात्मक चुनौतियां सामने आती हैं।

प्रकृति के चार बल: एक असुविधाजनक सच्चाई

हमारी रोजमर्रा की दुनिया में, चार अलग-अलग बलों का साम्राज्य चलता है। गुरुत्वाकर्षण हमें जमीन पर टिकाए रखता है, विद्युत चुंबकत्व प्रकाश को चमकाता है और हमारे इलेक्ट्रॉनिक्स को चलाता है, प्रबल बल

परमाणुओं के नाभिक को एक साथ रखता है, और कमजोर बल रेडियोधर्मी क्षय के लिए जिम्मेदार है। ये बल अलग-अलग नियमों का पालन करते प्रतीत होते हैं, और भौतिक विज्ञानियों के लिए एक बड़ी पहेली बनकर रह गए हैं।

क्वांटम गुरुत्वाकर्षण का लक्ष्य इस असुविधाजनक सच्चाई को बदलना है। यह इस बात की व्याख्या करना चाहता है कि ये चार बल वास्तव में एक ही शक्ति के विभिन्न पहलू हैं, और उनकी स्पष्ट विविधता केवल क्वांटम स्तर पर उनके व्यवहार के अलग-अलग तरीकों को दर्शाती है। यह एक महात्वाकांक्षी लक्ष्य है, जो भौतिकी के मूल सिद्धांतों को फिर से लिखने की क्षमता रखता है।

क्वांटम गुरुत्वाकर्षण की चुनौतियां:

क्वांटम गुरुत्वाकर्षण का रास्ता कांटों से भरा है। सबसे बड़ी चुनौती गुरुत्वाकर्षण को क्वांटम सिद्धांत के साथ जोड़ना है। क्वांटम सिद्धांत, जो सूक्ष्म परमाणुओं और कणों का वर्णन करता है, संभावनाओं और अनिश्चितताओं की दुनिया में काम करता है। लेकिन गुरुत्वाकर्षण, जो बड़े पैमाने पर वस्तुओं के बीच निश्चित आकर्षण का बल है, इस दुनिया से बिल्कुल अलग प्रतीत होता है।

दूसरी बड़ी चुनौती क्वांटम गुरुत्वाकर्षण के सिद्धांत का परीक्षण करना है। गुरुत्वाकर्षण एक कमजोर बल है, और क्वांटम स्तर पर इसके प्रभावों का पता लगाना बेहद मुश्किल है। वैज्ञानिकों को क्वांटम गुरुत्वाकर्षण के सिद्धांतों की भविष्यवाणियों का परीक्षण करने के लिए नए प्रयोगों और अवलोकनों की आवश्यकता होगी।

क्वांटम गुरुत्वाकर्षण की आशाएं:

हालांकि चुनौतियां कठिन हैं, लेकिन क्वांटम गुरुत्वाकर्षण के सफल होने के संभावित इनाम अकल्पनीय हैं। एक एकीकृत सिद्धांत हमें ब्रह्मांड के बारे में मौलिक रूप से नई समझ देगा। यह हमें ब्रह्मांड के जन्म के क्षण और इसके संभावित अंत को समझने में भी मदद कर सकता है। इसके अलावा, क्वांटम गुरुत्वाकर्षण नई तकनीकों के विकास की ओर भी ले जा सकता है, जैसे कि अंतरिक्ष यात्रा के लिए क्रांतिकारी नई पद्धतियां और क्वांटम कंप्यूटरों का एक नया वर्ग।

अंधकार का पता लगाना: क्या क्वांटम भौतिकी हमें अदृश्य ब्रह्मांड को समझने में मदद कर सकती है?

रात के आसमान को देखते हुए हम जो तारे और आकाशगंग देखते हैं, वे केवल कहानी का एक हिस्सा हैं। ब्रह्मांड के अधिकांश हिस्से में अदृश्य पदार्थ और ऊर्जा का प्रभुत्व है, जिसे हम अंधकार पदार्थ और अंधकार ऊर्जा कहते हैं। ये रहस्यमय घटक हमारे ब्रह्मांड के 95% से अधिक का निर्माण करते हैं, लेकिन हम उनके बारे में बहुत कम जानते हैं। क्या क्वांटम भौतिकी, जो सूक्ष्म दुनिया के नियमों को नियंत्रित करती है, हमें अदृश्य ब्रह्मांड को समझने में मदद कर सकती है?

अंधकार पदार्थ: एक गुरुत्वाकर्षण का प्रेत

अंधकार पदार्थ का पता लगाना मुश्किल है क्योंकि यह किसी भी प्रकाश या अन्य विकिरण के साथ सीधे बातचीत नहीं करता है। हम केवल इसके गुरुत्वाकर्षण प्रभावों के माध्यम से इसकी उपस्थिति का अनुमान लगा सकते हैं। आकाशगंगों के घूमने का तरीका, प्रकाश के किरणों का झुकना, और विशाल संरचनाओं का निर्माण - ये सभी चीजें हमें बताती हैं कि ब्रह्मांड में अथाह मात्रा में अदृश्य पदार्थ मौजूद है। लेकिन यह पदार्थ क्या है, यह एक बड़ा रहस्य बना हुआ है।

क्वांटम भौतिकी कुछ संभावित उम्मीदवारों की पेशकश करती है। कमजोर रूप से बातचीत करने वाले भारी कण (WIMPs) एक लोकप्रिय सिद्धांत है। ये भारी, धीमी गति वाले कण अंधकार पदार्थ का एक बड़ा हिस्सा बना सकते हैं, और भविष्य के प्रयोगों में उनका पता लगाया जा सकता है। अन्य संभावनाओं में बड़े अतिरिक्त आयाम और अज्ञात बल वाहक शामिल हैं।

अंधकार ऊर्जा: ब्रह्मांड का विस्तारक इंजन

अंधकार ऊर्जा एक और रहस्य है। यह एक ऐसी विरोधी गुरुत्वाकर्षण शक्ति है जो ब्रह्मांड के विस्तार को तेज कर रही है। इसकी प्रकृति पूरी तरह से अज्ञात है, और वैज्ञानिकों को इस बात का ठीक-ठीक पता नहीं है कि यह कहां से आती है या कैसे काम करती है।

क्वांटम भौतिकी अंधकार ऊर्जा के लिए कुछ संभावित स्पष्टीकरण भी प्रदान करती है। शून्य-बिंदु ऊर्जा, जो क्वांटम क्षेत्रों के सबसे कम ऊर्जा वाले राज्य में भी मौजूद है, एक संभावित उम्मीदवार है। एक अन्य सिद्धांत में यह विचार शामिल है कि अतिरिक्त आयामों में छिपी हुई ऊर्जा ब्रह्मांड के विस्तार को चला रही है।

क्वांटम भौतिकी: एक संभावित मार्गदर्शक

भले ही अंधकार पदार्थ और अंधकार ऊर्जा के बारे में हमारे पास अभी भी बहुत सारे सवाल हैं, क्वांटम भौतिकी हमें इन रहस्यों को उजागर करने के लिए आवश्यक उपकरण दे सकती है। अत्यधिक संवेदनशील डिटेक्टरों का विकास, भविष्य के कण त्वरक, और बेहतर सैद्धांतिक मॉडल सभी मिलकर हमें अदृश्य ब्रह्मांड के बारे में नई जानकारी प्राप्त करने में मदद कर सकते हैं।

हालांकि यह स्पष्ट नहीं है कि क्वांटम भौतिकी इन सवालों का निश्चित उत्तर प्रदान करेगी, यह एक महत्वपूर्ण मार्गदर्शक का काम कर सकती है। यह हमें नई संभावनाओं पर विचार करने और अंधकार पदार्थ और अंधकार ऊर्जा के रहस्यों को उजागर करने के लिए नए प्रयोगों को डिजाइन करने में मदद करेगी।

क्वांटम भौतिकी के माध्यम से एक झलक:

अदृश्य पदार्थ और अंधकारमय ऊर्जा के रहस्यों को उजागर करना एक कठिन चुनौती है। पारंपरिक खगोलीय विधियां इन घटकों के साथ सीधे

बातचीत नहीं कर सकती हैं, जिससे उनका अध्ययन करना मुश्किल हो जाता है। हालांकि, क्वांटम भौतिकी नई संभावनाएं पेश करती है।

विषम पदार्थ: कुछ क्वांटम सिद्धांतों से पता चलता है कि अदृश्य पदार्थ कमजोर रूप से बातचीत करने वाले बड़े पैमाने पर कण (WIMPs) से बना हो सकता है। ये कण शायद ही कभी परमाणुओं के साथ टकराते हैं, यही वजह है कि हम उन्हें सीधे नहीं देख सकते। लेकिन उन्नत कण डिटेक्टर पृथ्वी के नीचे गहरे इन टकरावों का पता लगाने में सक्षम हो सकते हैं।

क्वांटम फोम: क्वांटम सिद्धांत यह भी सुझाव देते हैं कि खाली स्थान खुद ऊर्जा से भरा हुआ है, जिसे क्वांटम फोम कहा जाता है। यह फोम अंधकारमय ऊर्जा के लिए एक संभावित स्पष्टीकरण हो सकता है। क्वांटम फील्ड थ्योरी के विकास से वैज्ञानिकों को इस ऊर्जा के गुणों को समझने और मापने के तरीके खोजने में मदद मिल सकती है।

गुरुत्वाकर्षण के क्वांटमीकरण: क्वांटम गुरुत्वाकर्षण के सिद्धांतों से पता चलता है कि गुरुत्वाकर्षण को क्वांटम स्तर पर समझना होगा। यह नया दृष्टिकोण अंधकारमय पदार्थ और अंधकारमय ऊर्जा के गुरुत्वाकर्षण प्रभावों को समझने में मदद कर सकता है और हमें इन रहस्यमय घटकों के बारे में मूल्यवान जानकारी प्रदान कर सकता है।

क्वांटम भौतिकी का भविष्य: अनदेखी संभावनाओं का द्वार खोलना

कल्पना कीजिए, एक ऐसी दुनिया जहां सूचना को क्षण भर में ब्रह्मांड के किसी भी कोने तक पहुंचाया जा सकता है, जहां कंप्यूटर मानव मस्तिष्क की क्षमता को पार कर सकते हैं, और जहां हम भौतिकी के नियमों को तोड़कर असंभव लगने वाली तकनीकों का निर्माण कर सकते हैं। यही क्वांटम भौतिकी का वादा है, एक वैज्ञानिक क्रांति जो अभी तक पूरी तरह से सुलझी नहीं है, लेकिन अनदेखी संभावनाओं का एक चमकता हुआ द्वार खोलती है।

भौतिकी के नियमों को फिर से लिखना:

क्लासिकल भौतिकी, जो हमारे रोजमर्रा के अनुभवों को समझाती है, बड़े वस्तुओं और निश्चितताओं की दुनिया में काम करती है। लेकिन जब हम क्वांटम स्तर पर, परमाणुओं और उससे भी छोटे कणों की दुनिया में प्रवेश करते हैं, तो नियम बदल जाते हैं। यहां, अनिश्चितता का शासन है, और कण एक ही समय में कई अवस्थाओं में मौजूद हो सकते हैं।

क्वांटम भौतिकी के सिद्धांत, जैसे कि सुपरपोजिशन और उलझाव, हमारे परिचित भौतिकी को धार देते हैं और ऐसी संभावनाएं खोलते हैं जो पहले असंभव लगती थीं। उदाहरण के लिए, क्वांटम कंप्यूटर, जो क्वांटम कणों के अद्वितीय गुणों का लाभ उठाते हैं, पारंपरिक कंप्यूटरों की गणना शक्ति को धूल-धूसरित कर सकते हैं और दवाओं की खोज से लेकर सामग्रियों के डिजाइन तक, बड़े पैमाने पर समस्याओं का समाधान कर सकते हैं।

अनदेखी क्षितिज पर नज़र:

क्वांटम भौतिकी के भविष्य में अनगिनत संभावनाएं समाई हुई हैं, जो अभी भी वैज्ञानिकों की कल्पना को जगाती हैं। कुछ रोमांचक क्षेत्रों में शामिल हैं:

- क्वांटम टेलीपोर्टेशन: सूचना को भौतिक रूप से न छूते हुए, तुरंत दूरी के बंधनों को तोड़ते हुए स्थानांतरित करने का सपना।

- क्वांटम गुरुत्वाकर्षण: गुरुत्वाकर्षण को क्वांटम सिद्धांत के साथ जोड़ने और ब्रह्मांड के सबसे मौलिक बलों के बीच एकीकृत सिद्धांत विकसित करना।

- क्वांटम ब्रेन: मस्तिष्क की जटिल गतिविधियों को समझने के लिए क्वांटम सिद्धांतों का उपयोग करना और चेतना के रहस्य को उजागर करना।

- अतिरिक्त आयाम: ब्रह्मांड के ज्ञात तीन आयामों से परे, छिपे हुए आयामों के अस्तित्व की खोज करना और उनकी भूमिका को समझना।

चुनौतियां और जिम्मेदारियां:

क्वांटम भौतिकी के भविष्य में कई चुनौतियां भी शामिल हैं। क्वांटम प्रणालियों को नियंत्रित करना और उनके व्यवहार की भविष्यवाणी करना बेहद जटिल है। नैतिकता के सवाल भी महत्वपूर्ण हैं, क्योंकि क्वांटम तकनीकों के दुरुपयोग से गंभीर परिणाम हो सकते हैं।

इसलिए, क्वांटम भौतिकी के विकास के साथ ही, अंतरराष्ट्रीय सहयोग और नैतिक मार्गदर्शन आवश्यक है। हमें जिम्मेदारी से इन शक्तिशाली तकनीकों का उपयोग करना चाहिए ताकि वे समाज के लाभ के लिए काम करें और एक बेहतर भविष्य का निर्माण करें।

भविष्य के क्षितिज पर चमकते सितारे:

क्वांटम भौतिकी का भविष्य रोमांचक संभावनाओं का एक नक्षत्र है। कुछ प्रमुख क्षेत्र जहां हम महत्वपूर्ण प्रगति देखने की उम्मीद कर सकते हैं:

- क्वांटम कंप्यूटर: पारंपरिक कंप्यूटरों के विपरीत, क्वांटम कंप्यूटर एक साथ कई संभावनाओं का पता लगा सकते हैं, जिससे उन्हें जटिल

समस्याओं को हल करने में अभूतपूर्व गति और शक्ति मिलती है। दवाओं की खोज, सामग्रियों के डिजाइन, वित्तीय मॉडलिंग और कृत्रिम बुद्धि जैसे क्षेत्रों में क्रांति लाने की क्षमता रखते हैं।

- क्वांटम संचार: क्वांटम सिद्धांतों का उपयोग करके सुरक्षित और अटूट संचार प्रणालियों का विकास संभव है। यह वित्तीय लेनदेन, राष्ट्रीय सुरक्षा और चिकित्सा डेटा के प्रसारण के लिए क्रांतिकारी परिवर्तन ला सकता है।

- क्वांटम टेलीपोर्टेशन: जानकारी को भौतिक वस्तुओं के बिना पल भर में स्थानांतरित करने की क्षमता क्वांटम टेलीपोर्टेशन के साथ आती है। यह क्रांतिकारी तकनीक भविष्य के संचार, दूरस्थ चिकित्सा और अंतरिक्ष अन्वेषण को पूरी तरह से बदल सकती है।

- क्वांटम गुरुत्वाकर्षण: गुरुत्वाकर्षण को क्वांटम सिद्धांत के साथ जोड़ने का लक्ष्य क्वांटम गुरुत्वाकर्षण है। यह एकीकृत सिद्धांत ब्रह्मांड के सभी बलों को एक छत के नीचे ला सकता है और हमें प्रकृति के मौलिक नियमों को समझने में क्रांतिकारी परिवर्तन ला सकता है।